使いやすい！教えやすい！家庭学習に最適の問題集！

広島県版
国立小学校

広島大学附属小学校・附属東雲小学校

2022 ～2023年度過去問題を掲載

2024 年度版

過去問題集

合格までのステップ

●資料提供●

東京学習社

ISBN978-4-7761-5533-1

C6037 ¥2500E

9784776155331

定価 2,750 円

（本体 2,500 円＋税 10%）

1926037025009

日本学習図書 ニチガク

目指せ！合格！ 家庭学習ガイド
広島大学附属小学校

ペーパー　口頭試問　行動観察　運動

入試情報

出題形態：ペーパー、ノンペーパー
面　　接：なし
出題領域：ペーパーテスト（お話の記憶、図形、数量、常識）、口頭試問、行動観察、運動

受験にあたって

2023年度の試験は感染症対策をしながらの実施でしたが、内容的に大きな変化はなく、ペーパーテストはさまざまな分野から幅広く基礎問題が出題されるという従来の形でした。受験者は1グループ約30～35名で3グループに分かれ、まず始めに、グループ全員で**行動観察**を行います。初めて会うたくさんのお友だちに見られながらの試験になるため、落ち着いて自信をもって取り組めるとよいでしょう。その後、グループ内で待機室に行く受験者とペーパーテストと口頭試問の試験を受ける教室に行く受験者に別れます。待機室では、DVDの昔話を鑑賞します。その際の態度や姿勢なども観られていますので注意しましょう。ペーパーテストの**お話の記憶**は、お話は短いですが、少し捻った切り口の質問が多く、ケアレスミスに注意が必要でしょう。お話だけでなく、質問の意図をきちんと把握してから答えるようにしてください。もちろん、読み聞かせなどで、お話を聞く力を養うことも大切です。**図形・数量**の分野は出題範囲が広いので、幅広く基礎問題を学習し、対応できるようにしておきましょう。頻繁にというわけではありませんが、傾向が変わるので「ヤマを張る」ことはできません。またほかに頻出の**常識**分野の問題対策としては、外出時に、風景の中からさまざまなものを取り上げ、「それはどういうもので、何のためにあるのか」といったことを会話の中でお子さまに伝えるようにしましょう。そうすることで、年齢なりの常識が身に付くだけでなく、親子間のコミュニケーションも充実するはずです。当校の試験では、学力というよりは、全体を通して年齢相応に生活力を身に付けていることがポイントになります。ペーパーと体験学習を上手に併用し、お子さまの小さな発見や疑問を大切にするコミュニケーションを多く持つことも大切です。また、面接というほどではありませんが、簡単な**口頭試問**があります。本年度も10人程度のグループで行われました。機会を設けるのは難しいかもしれませんが、人前で話す練習もしておいた方がよいでしょう。

目指せ！合格！

家庭学習ガイド
広島大学附属東雲小学校

ペーパー　口頭試問　行動観察　運　動

入試情報

出題形態：ペーパー、ノンペーパー

面　　接：なし

出題領域：ペーパーテスト（お話の記憶）、口頭試問、行動観察、運動

受験にあたって

2023年度の試験は、感染対策を講じて行われましたが内容的にはここ数年と同様、大きな変化はありませんでした。当校入試のペーパーテストは、お話の記憶のみの出題となっています。お話は単純で短いものですが、出題形式に特徴があるので、過去問などを通じてしっかりと対策しておきましょう。また、消しゴムの用意はなく、解答を間違えて記入した場合、×を書くように指示があります。練習のうちから慣れておくとよいでしょう。行動観察では、例年、片付け、箸使い、風呂敷包みなど、さまざまな課題が出題されています。2023年度はグループで協力して缶を高く積むという試験でした。初めて会うお友だちとどのようにコミュニケーションをとるかが観点となっています。お友だちの意見も聞きつつ、自分の意見もしっかりと伝えることが大切です。また、生活の中でよく目にする作業が課題となることもありますので、お子さまにふだんからそういった作業をさせておきましょう。

そのほかの出題においても、日常生活が基本となっている課題が多く見られます。お手伝いや遊びなど、日常生活を通して指示行動を実践する機会を持ちましょう。また、できた時はたくさん褒め、自信を持って取り組めるようにしてください。「楽しくできた」という気持ちをお子さまが持ちながら、さまざまなことを身に付けさせてあげることが重要です。日々の生活の中に、お子さまの能力を伸ばすチャンスはたくさんあるので、ふだんの言葉かけなどを意識するよう心がけてください。親子の対話を通して、情操を育んでいくことが大切になってきます。

広島県版
国立小学校
過去問題集

〈はじめに〉

現在、少子化が叫ばれているにもかかわらず、私立・国立小学校の入学試験には一定の応募数があります。入試は、ただやみくもに学習するだけでは成果を得ることはできません。志望校の過去における出題傾向を研究・把握した上で、練習を進めていくこと、その上で試験までに志願者の不得意分野を克服していくことが必須条件です。そこで、本問題集は小学校を受験される方々に、志望校の出題傾向をより詳しく知って頂くために、過去に遡り出題頻度の高い問題を結集いたしました。最新のデータを含む精選された過去問題集で実力をお付けください。

〈本書ご使用方法〉

◆出題者は出題前に一度問題を通読し、出題内容などを把握した上で、〈 準 備 〉の欄に表記してあるものを用意してから始めてください。
◆お子さまに絵の頁を渡し、出題者が問題文を読む形式で出題してください。問題を読んだ後で、絵の頁を渡す問題もありますのでご注意ください。
◆「分野」は、問題の分野を表しています。弊社の問題集の分野に対応していますので、復習の際の目安にお役立てください。
◆一部の描画や工作、常識等の問題については、解答が省略されているものがあります。お子さまの答えが成り立つか、出題者が各自でご判断ください。
◆〈 時 間 〉につきましては、目安とお考えください。
◆解答右端の［○年度］は、問題の出題年度です。［2023年度］は、「2022年度の秋から冬にかけて行われた2023年度入学志望者向けの考査で出題された問題」という意味です。
◆【おすすめ問題集】は各問題の基礎力養成や実力アップにご使用ください。

〈本書ご使用にあたっての注意点〉

◆文中に **この問題の絵は縦に使用してください。** と記載してある問題の絵は縦にしてお使いください。
◆〈 準 備 〉の欄で、クレヨンと表記してある場合は12色程度のものを、画用紙と表記してある場合は白い画用紙をご用意ください。
◆文中に **この問題の絵はありません。** と記載してある問題には絵の頁がありませんので、ご注意ください。なお、問題の絵の右上にある番号が連番でなくても、中央下の頁番号が連番の場合は落丁ではありません。
下記一覧表の●がついている問題は絵がありません。

問題1	問題2	問題3	問題4	問題5	問題6	問題7	問題8	問題9	問題10
●						●			
問題11	問題12	問題13	問題14	問題15	問題16	問題17	問題18	問題19	問題20
	●	●							
問題21	問題22	問題23	問題24	問題25	問題26	問題27	問題28	問題29	問題30
		●					●	●	
問題31	問題32	問題33	問題34	問題35	問題36	問題37			
				●	●	●			

〈広島大学附属小学校〉

※問題を始める前に、本書冒頭の「本書ご使用方法」「本書ご使用にあたっての注意点」をご覧ください。

保護者の方は、別紙の「家庭学習ガイド」を先にお読みください。
当校の対策および学習を進めていく上で役立つ内容です。ぜひご覧ください。

2023年度の最新問題

問題1　分野：行動観察　※男子・女子

〈準備〉　なし

〈問題〉　この問題の絵はありません。
「グーチョキパーで分かれましょう。」をします。先生が、「グーチョキパーで分かれましょう。」と言ったら、手を出しましょう。同じ手のお友だちを１人見つけて、２人組になってその場に座りましょう。「元の位置に戻りなさい。」と言われたら、椅子に戻ってください。

〈時間〉　適宜

〈解答〉　省略

学習のポイント

問題としては特別難しい内容ではありません。もし、内容を知らなかった場合でも、説明をしっかりと聞けばできると思います。そして、一番大切なのは、楽しんで行うということです。このような問題の場合、単純に「できた」「できなかった」で採点されるのではなく、いくつもの観点があり、それによってチェックされます。その内容は積極性、ルールの遵守、反応の早さなどです。特に反応の早さは大切です。他のお友だちを見てから動き出すのでは、指示を理解していないと判断されます。先生の指示を聞き、素早い動き出しができるようにしましょう。まず、同じ手を出しているお友だちを見つけたら、積極的に声をかけることが大切です。ペアを作ると余る人が出てしまうようなら、みんなでほかの子を探してペアができるようにしましょう。自分だけがペアが決まればよいという考えは持たず、誰かを除け者にすることがないように工夫してください。そしてペアができたらすぐに座り、その後はふざけず、おとなしく待機しましょう。行動観察は、このようなメインの課題外のことにも注意して対策をとってください。

【おすすめ問題集】
Ｊｒ・ウォッチャー29「行動観察」

問題2　分野：行動観察・運動　※男子・女子

〈準備〉　紙
床に紙を貼って橋に見立てる。

〈問題〉　**この問題は絵を参考にしてください。**
橋の両端に立ち、先生の「どうぞ。」の合図で橋から落ちないように進みましょう。途中でお友だちと会ったら、ジャンケンをしてください。勝った人はそのまま最後まで進みましょう。負けた人は「どうぞ。」と言って道を譲り、勝った人が通ったら最後まで進んでください。
（歩き方のお手本を見せる。つま先とかかとがつくように歩く。）歩く時は、このように歩きましょう。足と足が開かないようにして、できるだけ速く進んでください。

〈時間〉　適宜

〈解答〉　省略

学習のポイント

この問題は平衡感覚を要する問題です。平均台を渡る課題はよく出題される内容ですが、歩き方に特徴があります。お手本のように、つま先とかかとがつくように歩くと、バランスを取ることが難しく、思うように進めないと思います。そして、そのことに集中するあまり、指示を忘れてしまうという可能性もあります。まずは、課題全体をしっかりと把握し、落ち着いて取り組むように心がけましょう。その上で指示を守り、かつ積極的に取り組むようにします。このゲームも勝敗は採点対象ではありません。勝敗にこだわるばかり、指示を忘れたり、ルールを破ったりするお子さまがいますが、チェックの対象となりますので気をつけましょう。また、負けた時に「どうぞ」と言って道を譲れたか、順番を待っている時の態度はどうか、などにも着目して練習してください。

【おすすめ問題集】
新 運動テスト問題集、Ｊｒ・ウォッチャー28「運動」、29「行動観察」

問題3　分野：お話の記憶　※男子

〈準備〉　クーピーペン（赤）

〈問題〉　お話を聞いて、次の質問に答えましょう。

リスさんが朝起きると、丸い花瓶に飾っておいたバラが枯れていました。バラをゴミ箱に捨てて、ヒツジさんと一緒に、お花畑へ遊びに行くことにしました。その途中で、カメさんのお花屋さんがあったので覗いてみると、チューリップを売っていました。リスさんが、「チューリップをください。」と言って買いました。途中で、道に迷ってしまったリスさんとヒツジさんは、パンダのおまわりさんを見かけたので、「お花畑まで行きたいので、道を教えてください。」と言いました。すると、パンダのおまわりさんは、「この道をまっすぐ進むのだよ。そのあとの道はこの地図の通りに進んでごらん。」と言って、お花畑までの地図をくれました。地図を持ってまっすぐ進むと、分かれ道につきました。ひとつは、リンゴの木がある太い道で、もう1つは、ミカンとモモの木がある細い道でした。地図を見ると、お花畑は、太い道に進んでいました。地図の通りに進むと、お花畑に着きました。リスさんとヒツジさんは、一緒にお弁当を食べることにしました。ヒツジさんのお弁当は、おにぎりと卵焼き、リスさんのお弁当は、サンドイッチとウインナーでした。ヒツジさんが、「リスさんのサンドイッチ、おいしそうだね。おにぎりと交換しない？」と言い、リスさんは「いいよ。」と言って交換しました。その後、デザートのミカンを一緒に食べました。お花畑でたくさん遊んだ後は、家に帰って、リスさんは買ってきたチューリップを丸い花瓶に飾りました。

（問題3の絵を渡す）
①お花畑へ行った動物はどれですか。○をつけてください。
②分かれ道で、お花畑が続いていた道の方にあった木の果物はどれですか。○をつけてください。
③ヒツジさんのお弁当箱に入っていたものはどれですか。○をつけてください。
④今、リスさんの家に飾ってあるものはどれですか。○をつけてください。
⑤この話の季節に咲く花はどれですか。○をつけてください。

〈時間〉　各15秒

〈解答〉　①左から2番目（リス）・右から2番目（ヒツジ）　②左から2番目（リンゴ）
③左端（玉子焼き）・右端（おにぎり）　④左から2番目（チューリップ）
⑤右から2番目（桜）

学習のポイント

お話の長さは特に長いわけではありませんが、内容をしっかりと聞いていなければ解答するときに記憶が混乱してしまうでしょう。お話の記憶は、大人はいくつかのキーワードに関連づけて記憶していきますが、お子さまは、ストーリーを映像化して記憶していき、問題が読まれた時に、該当部分の内容を頭の中で思い返して記憶を引っ張ってきます。この力の伸長には読み聞かせがおすすめです。また、日常生活において指示を複数まとめて伝えてやらせるのも一案です。さまざまな手段を活用して、お子さまの記憶力のアップにつなげていくとよいでしょう。また、答え合わせをする際は、解答記号の書き方も確認してください。解答記号がしっかり書けている問題は自信があった問題であり、そうでない問題は、自信がなかった問題と読み取ることができます。

【おすすめ問題集】

1話5分の読み聞かせお話集①・②、お話の記憶問題集 初級編・中級編・上級編、Ｊｒ・ウォッチャー19「お話の記憶」、34「季節」

問題4　分野：常識（理科）　※男子

〈準備〉　クーピーペン（赤）

〈問題〉　①同じ量の水の入れ物に、それぞれ違う量の砂糖を入れました。一番甘いものはどれですか。○をつけてください。
②違う量の水の入れ物に、同じ量の砂糖を入れました。一番甘いものはどれですか。○をつけてください。

〈時間〉　30秒

〈解答〉　①左から２番目　②右から２番目

学習のポイント

小学校受験の推理の問題としてオーソドックスな問題の一つです。似た問題では水と氷の量、氷の溶ける様子などが挙げられます。この問題は言葉で説明するよりも、実際に実験をしたほうが理解できるでしょう。これは、先ほど挙げた氷の問題についても同様です。同じ大きさのコップに砂糖を入れますが、異なる大きさのコップで比較する問題もよく出題されます。このような推理の問題では、問題を解き終えたあと、その解答を選んだ理由や甘いほうから並べた時の順番など、質問してみるとよいでしょう。保護者の方は、お子さまの考え方が解り、誤答の場合は修正ポイントを知ることができます。

【おすすめ問題集】

Ｊｒ・ウォッチャー27「理科」、55「理科②」

問題5　分野：数量　※男子

〈準 備〉　クーピーペン（赤）

〈問 題〉　**この問題の絵は縦に使用してください。**
①ゾウが、上のイチゴとリンゴを食べると、下の数だけ残りました。食べた数があっているゾウを下から見つけて、○をつけてください。
②２頭のゾウが、上のイチゴとリンゴを食べると、下の数だけ残りました。食べた２頭のゾウを下から見つけて、○をつけてください。

〈時 間〉　各20秒

〈解 答〉　①左下　②右上・右下

学習のポイント

女子のテストでは数量の問題は出題されていませんでした。この問題は数の操作になりますが、お子さまは解けたでしょうか。この問題の特徴的な点は、上から下に問題を見ていけばよいのではなく、上下に視点を動かさなければなりません。また、問題が少ない当校の入試では、このような問題を正解するか否かが合否に影響を及ぼします。まずは、どこを見たらよいのかを素早く発見することが大切です。①では、元あったものから残った数を引くと解答になります。②では、それを２つのもので構成しているため、まずは、明らかに解答ではないものを選択肢から削除し、消去法で考えるようにすると、解答を見つけることができるでしょう。

【おすすめ問題集】
Ｊｒ・ウォッチャー14「数える」、38「たし算・ひき算１」、
39「たし算・ひき算２」

問題6　分野：系列　※男子

〈準 備〉　クーピーペン（赤）

〈問 題〉　白の○と黒の●が並んでいます。「？」に入るものを下の四角から選んで、○をつけてください。

〈時 間〉　20秒

〈解 答〉　左下

学習のポイント

系列の問題は、まず、どのようなお約束で並んでいるのかを発見することから始まります。それが分かれば、後は選択肢から解答を見つけることができます。系列の問題を解く際、指を使ってお約束を1つずつずらしていく方法や頭の中で規則性を発見していく方法があります。後者の場合、声に出して規則性を考えるお子さまがいます。そのようなお子さまには、頭の中で考えるように指導してあげてください。声に出してしまうと、入試のときに注意をされてしまい、そのあとの試験に影響を及ぼす可能性も否定できません。練習のうちから試験を意識した学習方法を取り入れましょう。

【おすすめ問題集】
　Ｊｒ・ウォッチャー6「系列」

問題7　分野：口頭試問　※男子

〈準備〉　なし

〈問題〉　この問題の絵はありません。
横でしゃがみ、小さな声で質問する。
①「ありがとう」と言われた時はどのような時ですか。
②最近、どのようなことで褒められましたか。
③褒められたいことは、どのようなことですか。それはなぜですか。
④どのような時に、「ありがとう」と言われたいですか。それはなぜですか。

〈時間〉　適宜

〈解答〉　省略

学習のポイント

この口頭試問では、日常生活に関連した内容が質問されています。コロナ禍の生活を余儀なくされたお子さまたちは、全体的に生活体験や人との関わりが少ないといわれてます。それを保護者の方がどのように捉え、お子さまを躾けていったのか、その結果が問われているような質問とも受け取ることもできます。また、体験が少ないと、回答した内容に対して追いかけで質問された場合、うまく対応できないことがあります。また、この問題の内容と形式を考えると、質問には即答で回答できることが望ましいですが、ただ答えればよいというものではありません。人と会話をするときの基本も大切になり、一見すると、簡単な問題と思われるかもしれませんが、実際の入試という緊張する場で行われることを考えると、お子さまにとっては対応が難しいかもしれません。さまざまな人と話す機会を設け、リズムよく回答できるようにしましょう。

【おすすめ問題集】
　新 口頭試問・個別テスト問題集、口頭試問最強マニュアルー生活体験編ー

問題8　分野：お話の記憶　※女子

〈準備〉　クーピーペン（赤）

〈問題〉　お話を聞いて、次の質問に答えましょう。

今日は、お花見の日です。４歳のあいちゃんは、今日を楽しみにしていました。あいちゃんは、弟の１歳のゆうとくんのお世話をしながら、お母さんに、「お母さん、今日のお花見はどこでするの。」と聞くと、お母さんは、「おうちの庭でしましょう。おじいちゃんとおばあちゃんも呼んだのよ。お父さんもお仕事がお休みだから、家族みんなでお花見をした後は、お隣の公園で遊びましょう。」と言いました。お母さんに、「お手伝いは何をしたらいい？」と聞くと、お母さんは、「お弁当を作っているから、お弁当箱を出してくれるかしら。」と言いました。お母さんは、サンドイッチとウインナーと卵焼きとエビフライとサラダを作っていました。あいちゃんは、大きなお弁当箱を用意して、お母さんと一緒にお弁当を詰めました。お花見をする庭に出ると、とてもよい天気でした。みんなでおいしいお弁当を食べて、少しだけ休んだら、あいちゃんは早く運動をしたくなりました。「ねえ、早く公園へ行こう！」と言って、みんなで公園へ行きました。公園の花壇のチューリップが綺麗に咲いていて、見ているだけでなんだか嬉しい気持ちになりました。公園では、お父さんが鬼になって鬼ごっこをしたり、おじいちゃんと一緒にすべり台をすべったり、おばあちゃんにブランコで背中を押してもらったりしました。家に帰ると、あいちゃんは、「今日は、とても楽しかったな。今度は、ゆうとくんも一緒に公園で遊びたいな。」と言いました。お母さんが、「そうね。それでは、お家ではゆうとくんも一緒にできるネックレス作りをしましょう。」と言って、みんなで長い紐に大きなビーズを通して、かわいいネックレスを作って遊びました。

（お話を読み終わってから問題８の絵を渡す）
①お話の季節はいつですか。同じ季節の絵に○をつけてください。
②お弁当に入っていたものはどれですか。○をつけてください。
③このお話に出てきた人の数だけ、×を書いてください。
④公園で遊んだものはどれですか。○をつけてください。
⑤家で作ったものはどれですか。○をつけてください。

〈時間〉　各15秒

〈解答〉　①右から２番目（春）　②左端（サンドイッチ）・真ん中（卵焼き）　③×６つ
④左から２番目（ブランコ）・右端（すべり台）
⑤右から２番目（ネックレス）

学習のポイント

お話の記憶を解く力は、読み聞かせの量に比例するといわれています。集中力がなかったり、記憶力が定着していなかったりすると、物音や周りの動きなど、ちょっとしたことで記憶が飛んでしまうということはよくあります。そうならないために、普段から、学習とは別に、読み聞かせを積極的に取り入れることで記憶力の定着を図りましょう。お話の記憶に苦手意識を持っているお子さまには、絵を見せ、お話の内容に抑揚をつけることで、お話に興味を持たせることから始めてください。慣れてきたら、絵を見せず、抑揚を押さえた状態で読み聞かせを行い、入試の形式に少しずつ近づけていくとよいでしょう。また、読み終えたら、感想を聞いて絵を描かせたり、内容の確認をしたりするなど、記憶力のアップに努めましょう。この聞く力やお話の記憶を解く力は入学後の授業に必要な要素が詰まっています。その点を理解して学習するとよいでしょう。

【おすすめ問題集】

1話5分の読み聞かせお話集①・②、お話の記憶問題集 初級編・中級編・上級編、
Ｊｒ・ウォッチャー19「お話の記憶」、34「季節」

問題9　分野：常識　※女子

〈準 備〉　クーピーペン（赤）

〈問 題〉　止まっているバスの中に、サッカーボールが置いてあります。
①バスが前に進む時、サッカーボールはどちらに動きますか。動く方向の矢印に○をつけてください。
②バスが後ろに進む時、サッカーボールはどちらに動きますか。動く方向の矢印に○をつけてください。

〈時 間〉　各15秒

〈解 答〉　下図参照

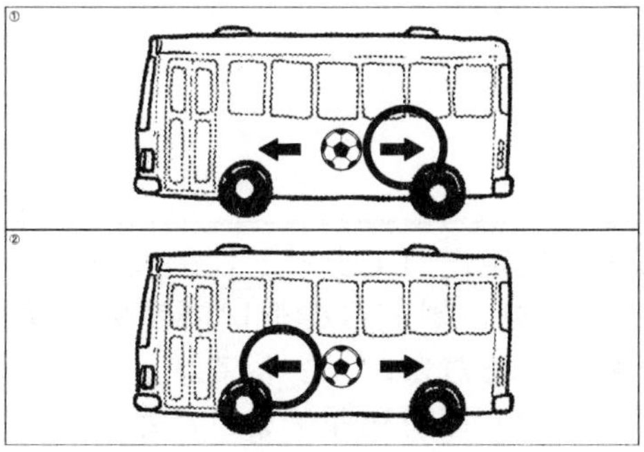

学習のポイント

この問題は特に２問目がポイントです。２問目は、１問目と動く方向が逆なので、単純に１問目と解答が逆になります。ただ問題を解くだけでなく、視野を広く持ち、柔軟に考えられるようにしてください。この問題に限らず、図形の問題を解く際、この力を身につけていると、短時間で解答を見つけることができます。練習では、答え合わせをする時に、お子さまの考えを聞き、その上で「前に進む時にこの向きに動くなら、逆に動いた時にはどうなる？」といった質問をしてみてください。問題では「前」「後」という言葉を使っていますが、それを「前」「逆」と言い換えることでお子さまの思考をリードすることができます。学習で大切なことは、お子さまに教えることではなく、お子さま自身で解答を見つけ出せるようにすることです。簡潔に、分かりやすい説明を心がけましょう。

【おすすめ問題集】

Ｊｒ・ウォッチャー12「日常生活」

問題10　分野：同図形探し　※女子

〈準 備〉　クーピーペン（赤）

〈問 題〉　上の図形と同じものはどれですか。下の四角から選んで○をつけてください。

〈時 間〉　30秒

〈解 答〉　下図参照

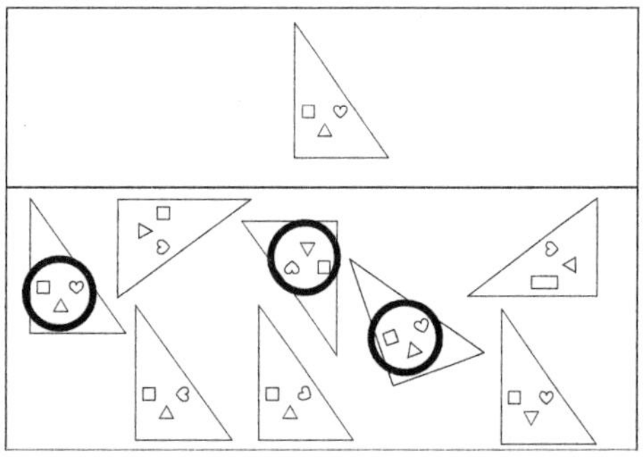

学習のポイント

他の問題に比べ、図形の問題の難易度が高く設定されており、この問題は、正答率の差が開いた問題かと思います。合格をするためには、難易度の低い問題は確実に正解し、このような難易度の高い問題でどれだけ正解できるかがポイントです。図形の問題を解く際は、お子さま自身に答え合わせをさせることで、理解を深めることができます。その方法をご紹介します。まず、クリアファイルとホワイトボード用のペンを用意します。図形の上にクリアファイルを置き、ペンでなぞります。なぞり終えたら、解答した形の上に重ねてみると、お子さま自身で正解か不正解かが分かります。その後、他の形についてもどこが違うのかを説明させ、クリアファイルを重ねて検証します。このクリアファイルを使用した方法は、他の図形の問題にも応用可能ですので、ぜひ活用してください。

【おすすめ問題集】

Ｊｒ・ウォッチャー４「同図形探し」

問題11　分野：図形の構成　※女子

〈準備〉　クーピーペン（赤）

〈問題〉　上の積み木を使ってできるものを下から選んで○をつけてください。

〈時間〉　30秒

〈解答〉　右上・左下

学習のポイント

この問題も難易度が高い問題となっています。このような問題を解く際、まずは、三角の積み木の数を数えて、当てはまらない選択肢を排除します。その次に、頭の中で積み木を組み立てて考えていきます。この作業で、積み木遊びの経験が大きく影響します。このような遊びが学習に影響を与えるのは、積み木に限らず、パズルでも同様ですので、普段の遊びに積極的に取り入れるようにするとよいでしょう。学習としてではなく、楽しく取り組むことが大切です。

【おすすめ問題集】

Ｊｒ・ウォッチャー16「積み木」、54「図形の構成」

問題12　分野：口頭試問　※女子

〈準備〉　なし

〈問題〉　この問題の絵はありません。

横でしゃがみ、小さな声で質問する。
①楽しいと思う時は、どのような時ですか。それはなぜですか。
②嬉しいと思う時は、どのような時ですか。それはなぜですか。
③悲しいと思う時は、どのような時ですか。それはなぜですか。

〈時間〉　適宜

〈解答〉　省略

学習のポイント

保護者の方は問題の観点として、どのようなことを挙げるでしょうか。一見、試験対策に直接つながらないように感じるかもしれませんが、口頭試問など、ペーパー以外の試験対策では重要です。それは、ペーパー以外の問題の多くは、日常生活が大きく関わってくるからです。この問題にしても、先生が横に来たときに、先生の方を向き、目を見て答えることができたでしょうか。また、回答するまでの時間はどれぐらいかかりましたか。また、回答中の表情はどうだったでしょう。これらも観点として挙げられることが多く、重要な内容となっています。学校側はこれらの観点を試験対策として捉えているのではなく、「躾」「日常生活」の一部として捉えています。このような行動を伴うことは、一朝一夕に身についたものではなく、今までの生活を経て今に至っています。そのため、保護者の方が問題を見て、日常生活に落とし込めることは何か、修正しなければならないことは何かを考えることが大切です。

【おすすめ問題集】

新 口頭試問・個別テスト問題集、口頭試問最強マニュアルー生活体験編ー

家庭学習のコツ①　「先輩ママのアドバイス」を読みましょう！

本書冒頭の「先輩ママのアドバイス」には、実際に試験を経験された方の貴重なお話が掲載されています。対策学習への取り組み方だけでなく、試験場の雰囲気や会場での過ごし方、お子さまの健康管理、家庭学習の方法など、さまざまなことがらについてのアドバイスもあります。先輩ママの体験談、アドバイスに学び、ステップアップを図りましょう！

2022年度の過去問題

問題13　分野：行動観察　※男子・女子

〈準備〉　椅子

〈問題〉　**この問題の絵はありません。**
（志願者は椅子に座って待機。先生がお手本を見せる。）
先生が手を叩いている間に、ペアを作ってじゃんけんをしましょう。負けた人は、元の椅子に戻り、その後は、じゃんけんに参加はできません。
２回戦は、じゃんけんで勝った人同士でペアを作り、じゃんけんをしましょう。
３回戦も同じようにじゃんけんをします。２人でペアを作れなかったら、３人でじゃんけんをしてもよいですよ。最後に、先生から「元の位置に戻りなさい。」と言われたら、椅子に戻りましょう。

〈時間〉　適宜

〈解答〉　省略

［2022年度出題］

学習のポイント

この問題では、説明を聞く姿勢、ペアを作るときの声かけや行動、負けてしまった後の待機時の姿勢、勝った後の行動、初めて会うお友だちとのコミュニケーションの取り方、先生とのお約束の遵守など、じゃんけんの勝ち負けではない部分が主に観られています。日頃から意識して指導するようにしてください。また、公園に行ったときやご近所でお友だちに会ったときなど、機会を活用してしっかりと社交性を身につけることも大切です。普段の生活から意識して過ごしましょう。お子さまだけでなく、保護者の方も意識して生活すると、お子さまも自然と身につくようになるでしょう。

【おすすめ問題集】
Ｊｒ・ウォッチャー29「行動観察」、30「生活習慣」

問題14　分野：行動観察　※男子・女子

〈準備〉　ビニールテープ
問題14の絵を参照してビニールテープを床に貼っておく。

〈問題〉　**この問題は絵を参考にしてください。**
橋の周りは海です。先生の「どうぞ。」の合図で、橋から落ちないように最後まで進みましょう。もし落ちたら、落ちる前のところに戻りましょう。

〈時間〉　適宜

〈解答〉　省略

［2022年度出題］

学習のポイント

先生から歩き方の指導がある問題です。橋を渡る際に「足と足が開かないように」という指示に加え、先生のお手本もあるので、お約束をしっかり守ることが大切であり、なおかつその後に続く人を考えて適度なスピードとバランスとお約束を守る、この３つが要求されています。一生懸命頑張ること、周囲の状況を考えること、そして必ず約束を守ること、ふざけないことなど、あらゆる面で日常のお子さまの様子が観えてきます。日頃からいつもお子さま優位ではなく、きちんとけじめのある教育をされていることが大切かと思います。

【おすすめ問題集】
Ｊｒ・ウォッチャー29「行動観察」、30「生活習慣」、56「マナーとルール」

問題15　分野：お話の記憶　※男子

〈準備〉　クーピーペン（赤）

〈問題〉　お話をよく聞いて、後の質問に答えてください。

はなこちゃんのおじいちゃんは、家の畑で野菜をつくるお仕事をしていて、ニワトリとヤギとウシを飼っています。はなこちゃんは、おじいちゃんのお手伝いをするのが大好きです。ある日、はなこちゃんは料理上手なおばあちゃんとお昼ご飯の準備をした後、おじいちゃんと一緒に動物たちにえさをやりにいきました。すると、飼っているウシの中の１頭がえさをあまり食べてくれません。心配になって、隣町の獣医さんに診てもらうことにしました。おじいちゃんは、腰を痛めていてウシを連れて行くことができないので、獣医さんが自動車に乗ってやってきてくれました。はなこちゃんは、獣医さんをウシのところまで案内しました。丁寧に診てもらうと、そのウシのお腹の中に赤ちゃんがいることがわかったのです。獣医さんは、「もうすぐ生まれそうですよ。生まれるまでに、お母さんウシに少しでもごはんを食べてもらえるように、桶の中にえさを入れて用意してあげてください。それから、たっぷり藁を敷いてあげてくださいね。」と言いました。はなこちゃんは、おじいちゃんの代わりに一生懸命準備をしました。おけの中にはたっぷりのえさを用意して、ウシの周りにはたくさんの藁を敷いてあげました。ウシがはなこちゃんの用意したえさを食べてくれたので、はなこちゃんはほっとしました。ウシの赤ちゃんが生まれるまでもう少し時間がかかりそうだったので、おばあちゃんがやってきて「赤ちゃんが生まれる前に、夏にぴったりなおやつを作るよ。」と言いました。はなこちゃんは、おばあちゃんと一緒に冷たいおやつを作って食べながら、「早く元気な赤ちゃんが生まれるといいな。」と思いました。

（お話を読み終わってから問題15の絵を渡す）
①お話に出てこなかった動物はどれですか。○をつけてください。
②獣医さんが乗ってきたものはどれですか。○をつけてください。
③はなこちゃんが用意したものはどれですか。○をつけてください。
④お話の季節に咲く花はどれですか。○をつけてください。
⑤おばあちゃんが作ったおやつはどれですか。○をつけてください。

〈時間〉　各15秒

〈解答〉　①左から２番目（馬）　②左端（自動車）　③左から２番目（桶）・右端（藁）
④左から２番目（アサガオ）　⑤右から２番目（ソフトクリーム）

［2022年度出題］

学習のポイント

ウシの赤ちゃんが誕生するまでのお話です。ウシが赤ちゃんを産むことは知っていても、具体的な様子は想像しにくいお子さまが多いと思われます。お話の途中で、何のことだろう？と考えてしまうと、その後のお話がなかなか耳に入ってこなくなります。実際に赤ちゃんの誕生を見ることは難しいかもしれませんが、牧場に行って実物のわらなどを見てくるだけでもよい勉強になります。また、最初に生き物が出てきた後は、ずっとお母さんウシの話ばかりになっていたので、他の生き物を忘れてしまいがちです。その場その場で、しっかりと頭の中でシーンを描いて記憶する必要があります。季節の問題も出題されましたが、「夏」「冷たいおやつ」という言葉をしっかり聞き取ることができれば、解答は問題ないでしょう。

【おすすめ問題集】

1話5分の読み聞かせお話集①・②、お話の記憶問題集 初級編・中級編・上級編、
Ｊｒ・ウォッチャー19「お話の記憶」

問題16　分野：数量（たし算・ひき算）　※男子

〈準備〉　クーピーペン（赤）

〈問題〉　お手本を見てください。あめが２個、ドーナツが１個あります。あめとドーナツをそれぞれ３個ずつにするには、あめが１個、ドーナツが２個足りませんね。下の箱の中から、あめが１個、ドーナツが２個ある箱に○をつけます。
①を見てください。あめとドーナツをそれぞれ10個ずつにするには、どの箱を選べばよいですか。○をつけてください。

〈時間〉　30秒

〈解答〉　一番下

［2022年度出題］

学習のポイント

この数量の問題は、「同じ数にするには、あといくつ？」という、わかりやすい引き算だけで考える問題ではなく、バラバラに並んでいる２種類の数を数え、それぞれをお手本の数に足した後の数を問題で指定されている数と合わせる、やや難易度の高い問題です。この問題はこのように真っ向から解くのではなく、まずは一番上のお皿の飴とドーナツの数の違いを考えます。すると、ドーナツが１つ多いことがすぐにわかると思います。ですので、同じ数にするには飴よりドーナツは１つ少ないものを選べばよいのです。これが理解できれば、引いたり足したりする必要はなく、答えは簡単に見つかります。難しいと感じるお子さまには、何種類かおやつを複数用意するなど、身の回りのものを使って説明すると理解しやすく、頭の中で数をイメージできるようになります。

【おすすめ問題集】

Ｊｒ・ウォッチャー14「数える」、15「比較」、37「選んで数える」、
38「たし算・ひき算①」、39「たし算・ひき算②」、43「数のやりとり」

問題17　分野：図形（四方からの観察）　※男子

〈準備〉　クーピーペン（赤）

〈問題〉　お手本を見てください。上の積み木を上から見ると、どのように見えるでしょうか。左上が正しいので、〇をつけます。
同じように、①の上の積み木を上から見たときにどのように見えるでしょうか。その様子に、〇をつけてください。

〈時間〉　30秒

〈解答〉　下図参照

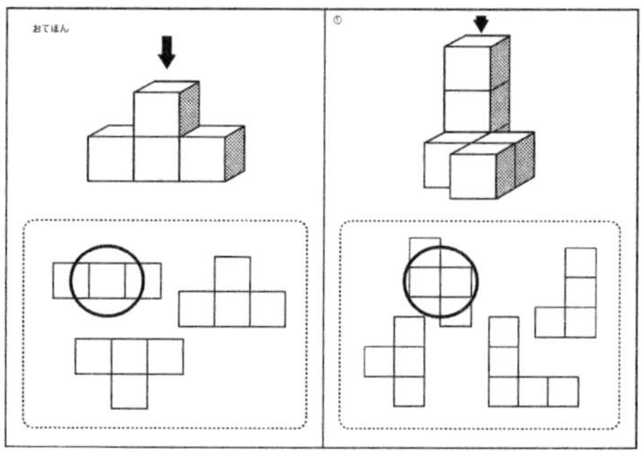

［2022年度出題］

学習のポイント

年齢相応の空間認知があれば、さほど難しい問題ではありませんが、やはり四方からの観察の理解には、実際に積み木を使って、お子さまが図と同じように作る練習をしておくことが必要です。実際に組み立てることによって、奥行や高さなどの理解が深まります。この空間認知がしっかりできていないと、積み木の数も出すことができません。今回の問題では、立方体の積み木しか使われていませんが、直方体や三角柱などが組み合わさると、見る方向によっては長四角や三角形あるいは正方形や四角形に見えます。また、円錐などを上から見た場合、ペーパー上の表記として円の中心に黒い点の図として示されます。このような表記にも慣れておく必要があります。さまざまな図形をさまざまな視点から観察して、思考力を養いましょう。

【おすすめ問題集】
Ｊｒ・ウォッチャー10「四方からの観察」、53「四方からの観察 積み木編」

問題18　分野：置き換え・お話の記憶　※男子

〈準 備〉　クーピーペン（赤）

〈問 題〉　（問題18－１の絵を渡す）
上の絵を見てください。それぞれの絵は、矢印の右隣のものに変わるお約束です。これからお話をします。このお約束通りに変えて、お話の順番になるように線結びをします。
「イヌが、玄関から家に上がったので、そのあと玄関をほうきで掃き、イヌの足をタオルでふきました。」
このお話の通りに線で結ぶと、下の「れい」のようになりますね。
この問題18－２の絵は縦に使用してください。
（問題18－２の絵を渡す）
では、このお約束と同じようにして、これからお話をする通りに線で結んでください。
①トリは、豆を食べた後、近くにいたミミズを見つけて食べました。
②イヌがご飯を食べます。はじめにパンを食べました。次に肉、最後に魚を食べました。

〈時 間〉　各20秒

〈解 答〉　下図参照

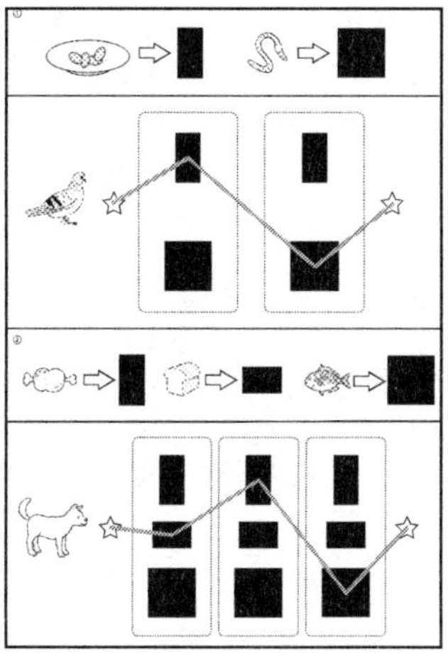

［2022年度出題］

学習のポイント

お話の中に出てくるものの中で、お手本のように、一部のものだけ図形に変えて、お話の順番通りになるように、線で結ぶ問題です。ただ、お手本では左の星（☆）から線を書き始めて、最後も右側の星（☆）まで線結びをするように、という指示はありません。お手本をしっかり見て、求められていることをきちんと理解しておかないと、星（☆）との線を結び忘れてしまいます。決して長いお話ではないので、お手本と見比べて、同じように解答できるよう、落ち着いて取り組みましょう。練習のうちからスピードを重視した対策をとり、本番で見直しまでできると安心です。

【おすすめ問題集】
Ｊｒ・ウォッチャー19「お話の記憶」、20「見る記憶・聴く記憶」、57「置き換え」

問題19　分野：お話の記憶　※女子

〈準備〉　クーピーペン（赤）

〈問題〉　お話をよく聞いて、後の質問に答えてください。

ある朝たろうくんが公園で遊ぼうとしていると、お友だちのけんじくんが橋のところで泣いていたので、「どうしたの。」と声をかけました。けんじくんは、「うちの子ねこのミーが、いなくなっちゃったんだ。」と答えました。「どこを探しても見つからないんだ。」と言うので、たろうくんは「ぼくも一緒に探してあげるよ。どんなネコなの。色鉛筆を持っているから、絵に描いてあげるよ。」と言いました。けんじくんは、「右耳と背中に黒の模様がある白のまだらもようで、短いしっぽがピンと立っているんだ。」と教えてくれました。２人は絵を持って、ミーを探しに行きました。けんじくんの隣の家に住んでいるおばあさんに絵を見せて聞いてみると、「うちにいたけれど、窓から逃げちゃったよ。」と言ったので、２人はがっかりしました。おばあさんの隣の家のおじいさんが、「わしも見たぞ。わしの家の前を通って、公園の方へ向かって行ったぞ。」と言ったので、２人はお礼を言って、公園の方へ向かっていきました。しかし、公園を探してもミーはいませんでした。公園には、△のまわりに○が４つある足跡がついていました。それをたどっていくと、暗い草むらにやってきました。そこには、黒いカラスとコウモリがいました。クモの巣が木にはりついていて、イヌの鳴き声が聞こえました。２人は怖くなって草むらから逃げました。２人は気を取り直して学校へ行きました。先生にネコの絵を見せると、「さっきここで寝ていたけれど、すぐに起きて逃げて行ってしまいましたよ。」と教えてくれました。２人ががっかりして家に帰ろうとすると、２人の後ろから「ミャー。」と声が聞こえました。ミーだとわかったけんじくんは、にっこり笑って抱きしめました。

（お話を読み終わってから問題19の絵を渡す）
①けんじくんの飼っていたネコはどんなネコでしたか。○をつけてください。
②ネコの足跡はどんなものでしたか。○をつけてください。
③子ねこはおばあさんの家のどこから逃げましたか。○をつけてください。
④２人が見なかったものは何ですか。○をつけてください。
⑤たろうくんとけんじくんが行かなかったところはどこですか。○をつけてください。

〈時間〉　各15秒

〈解答〉　①右から２番目　②右から２番目　③左から２番目（窓）
④左から２番目（イヌ）　⑤左から２番目（警察署）・右から２番目（花屋）

［2022年度出題］

学習のポイント

長いお話ではなく、また登場人物の入れ替わりもないお話なので、しっかりとお話を聞くことはできたかと思います。ただ、いなくなった子ネコのミーがどんどん移動していくので、その経過をとらえることが難しかったかもしれません。また、その特徴も右耳と背中の黒い模様なので、左右弁別がしっかりできていないと左右の耳を逆に選んでしまう可能性があります。お話の記憶は、このように時間の経過や左右、特徴、位置、数、季節など、あらゆる要素を含むことが多いので、お話の内容をお子さまに復唱してもらう練習もされるとよいでしょう。コウモリは木の枝やほら穴などにぶらさがっていて、実際は草むらにいるということはほとんどありません。お話としてとらえられる柔軟性も大切です。

【おすすめ問題集】
１話５分の読み聞かせお話集①・②、お話の記憶問題集 初級編・中級編・上級編、
Ｊｒ・ウォッチャー19「お話の記憶」

問題20　分野：数量　※女子

〈準備〉　クーピーペン（赤）

〈問題〉　（問題20－1の絵を渡す）
上の絵を見てください。三角のお皿にはりんごが1個、四角のお皿にはりんごが2個、丸いお皿にはりんごが3個乗っているお約束です。お手本では、三角のお皿が2枚ありますので、りんごは合わせて2個あることになりますね。その数だけ下の箱の中に○を書きます。
（問題20－2の絵を渡す）
お手本と同じようにして、①②のりんごの数だけ下の箱に○を書いてください。

〈時間〉　各30秒

〈解答〉　①○4つ　②○8つ

［2022年度出題］

学習のポイント

三角形・四角形・楕円の中のりんごの数通りに解答用紙のそれぞれの形に○を書いて、全部数えてからその数だけ○を書くというやり方がありますが、早くに解答するためには、①は最初は三角形だから○を１つ、次は楕円だから○を３つ…とその都度○を書いていく方が、間違いが少なく早くに解答できます。もちろん、できるならば１０までの数の操作は素早くできるようにしておいた方がよいです。しかし、解答を急ぐあまり○の形が雑になってもいけません。○は下から書き始め、きちんと留め合わせて書きましょう。そして、なるべく大きさを揃えて書けるよう、日頃から気をつけましょう。

【おすすめ問題集】
Ｊｒ・ウォッチャー14「数える」、38「たし算・ひき算①」、
39「たし算・ひき算②」

問題21　分野：図形（回転図形）　※女子

〈準備〉　クーピーペン（赤）

〈問題〉　お手本を見てください。左のサイコロがコトンと一回倒れると、どのようになるでしょうか。真ん中が正しいので、○をつけます。
では、①②で左のサイコロが倒れたときのものでないものはどれでしょうか。○をつけてください。

〈時間〉　各20秒

〈解答〉　①左端・右端　②左端・右端

［2022年度出題］

学習のポイント

お手本の図の意味が理解できないと、この問題は解けません。サイコロの形の正面からは見えない背面が、屏風のような図で示されています。わかりやすいのは、黒い面ですね。注意すべきなのは、お手本では「倒れたものに○をつける」という指示なのに対し、問題では「倒れた状態でないものに○をつける」という指示になっている点です。お手本と同じだと思って解答すると間違ってしまいますので、注意深く最後まで問題文を聞くようにお子さまに指導してあげてください。①は、中央だけがコトンと倒れた状態ですので、他の２つが解答になります。解答が複数あるというのも注意するべきポイントです。②も中央だけが倒れた状態で、他の２つは元のサイコロとは違うものだということがわかれば完璧です。黒い面や三角がどのように動くか、具体物を使い実際に転がしてみて、しっかりと頭の中でイメージを描けるようにしましょう。

【おすすめ問題集】

Ｊｒ・ウォッチャー46「回転図形」

問題22　分野：常識（生活）　※女子

〈準備〉　クーピーペン（赤）

〈問題〉　これからお話をします。お話の内容と合うものを、星印（☆）と黒丸（●）を線でひとつずつ結んでください。（問題22－１の絵を見せる）ただし、このような線の結び方は、してはいけません。
（問題22－２の絵を渡す）
正しい結び方で、問題の指示通りに線を結びます。
①女の子が、寒い日にお出かけをします。何を身につけますか。星印（☆）と黒丸（●）を線で結んでください。
②おじさんが、畑で働いています。畑でとれるものは何ですか。星印（☆）と黒丸（●）を線で結んでください。

〈時間〉　30秒

〈解答〉　下図参照

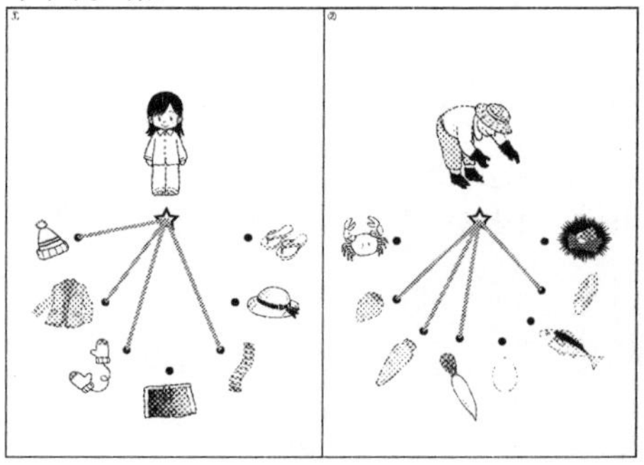

［2022年度出題］

学習のポイント

この問題は、お手本をよく見て解答する必要があります。主語にあたる星（☆）からひとつひとつを線結びするよう指示があり、やってはいけない例も示されますので、どのように線を結べばよいか判断できることが大切です。また、答えはひとつではないので時間になるまで見直しましょう。これらは、日常生活、つまりご家庭の教育方針も問われている問題のひとつです。身支度など、お子さまがひとりでできますか。食育について、お子さまときちんと話をされていますか。ペーパー上だけで覚えるのではなく、日常生活でできている、理解していることが最も大切であり、お子さまの自立を促すものです。

【おすすめ問題集】

Ｊｒ・ウォッチャー30「生活習慣」、51「運筆①」

問題23　分野：口頭試問　※男子・女子

〈準備〉　なし

〈問題〉　**この問題の絵はありません。**

全員が席に着いてから、先生は、前列から順番に、１人１問の質問をしていく。
その際、先生は、志願者の机の横にしゃがんで、小さな声で質問をする。
先生から全員に「おはよう」または、「こんにちは」の挨拶がある。

【女子】
①いま、いちばんがんばっていることは何ですか。
②お父さんお母さんに褒められることはありますか。
　どんなことで、褒められましたか。
③最近できるようになったことはありますか。
　できるようになったことを教えてください。
④最近嬉しかったことは何ですか。
⑤最近、ありがとうと言われたことはありますか。
　それは、どんな時に言われましたか。

【男子】
①何の野菜が好きですか。
②好きなお手伝いは何ですか。
③好きな遊びは何ですか。
④好きな乗り物は何ですか。
⑤好きな果物は何ですか。

〈時間〉　適宜

〈解答〉　省略

［2022年度出題］

学習のポイント

一般的な対面式面接ではなく、集団の中で行われる、１人１問の口頭試問形式の面接です。始めに先生から、ご挨拶があるので、大きな声で元気よく挨拶できるようにしましょう。その後は、先生がひとりひとりの座席に移動して全て違う質問を小声でしていきますが、発表する際はハキハキと答えましょう。また、あらゆる質問に対しての簡単な答えは用意しておいたほうがよいでしょう。具体的なものや内容も聞かれますので、ひとつの事柄に対して少し掘り下げてお話できるよう、日頃から深い会話も必要です。また、ひとりひとりへの質問なので待機時間が長くなります。待機の間の姿勢をきちんとしておけるよう、姿勢やマナーを身に付けると同時に、他のお子さまが答えている時に聞き耳を立てることのないよう、礼儀も教えましょう。

【おすすめ問題集】

Ｊｒ・ウォッチャー29「行動観察」、30「生活習慣」、56「マナーとルール」、
口頭試問最強マニュアル－生活体験編－

家庭学習のコツ② **「家庭学習ガイド」はママの味方！**

問題演習を始める前に、試験の概要をまとめた「家庭学習ガイド（本書カラーページに掲載）」を読みましょう。「家庭学習ガイド」には、応募者数や試験課目の詳細のほか、学習を進める上で重要な情報が掲載されています。それらの情報で入試の傾向をつかみ、学習の方針を立ててから、対策学習を始めてください。

〈広島大学附属東雲小学校〉

※問題を始める前に、本書冒頭の「本書ご使用方法」「本書ご使用にあたっての注意点」をご覧ください。

保護者の方は、別紙の「家庭学習ガイド」「合格のためのアドバイス」を先にお読みください。
当校の対策および学習を進めていく上で役立つ内容です。ぜひご覧ください。

2023年度の最新問題

問題24　分野：積み木　※男子

〈準備〉　積み木、紙（問題24－1の絵を参考に４×４のマス目を書く）
問題24－2の絵を参考にして積み木を積み、紙のマス目の左上に置き、写真を撮る。

〈問題〉　この問題は絵を参考にして下さい。
（積み木の写真を見せる）
お手本と同じように積み木を積んでください。

〈時間〉　１分

〈解答〉　省略

学習のポイント

難易度の高い問題です。入試全体を見ても、この問題は大きなポイントとなるでしょう。なぜなら、試験で躓いた時に引きずってしまうと、それを試験中に修正するのは非常に困難となるからです。その点からも、この問題はしっかりと解きたい問題といえるでしょう。練習の際は、お子さま自身に、展開図から積み木を作らせてください。作りながら、それぞれの印がどのような位置関係になっているかを把握しましょう。難しい場合は、積み木に簡単な印を書くなど工夫するとよいでしょう。この問題は、空間認識力もさることながら、観察力の差が大きく影響します。問題の正誤も気になると思いますが、積まれた向きによってマークの向きや位置が変化することを理解できているか確認してください。まずは、数を減らして、少ない状態で練習することをおすすめいたします。

【おすすめ問題集】
Ｊｒ・ウォッチャー16「積み木」、53「四方からの観察（積み木編）」

問題25　分野：お話の記憶　※男子

〈準 備〉　鉛筆

〈問 題〉　お話を聞いて、次の質問に答えましょう。

今日は、キャンプをする日です。キツネさんが、家で準備していると、お母さんが、「忘れ物をしないように気を付けてね。」と言いました。キツネさんは、「はーい。」と言って、リュックサックに、ハンカチとティッシュを入れていると、タヌキさんが迎えに来てくれました。一緒にキャンプをする山のてっぺんまでつくと、あっという間に、お昼ご飯の時間になったので、２匹は、お弁当を食べることにしました。しかし、キツネさんがリュックの中を見ると、お弁当が入っていません。どうやら、玄関に忘れてしまったようです。キツネさんが困っていると、「お弁当を分けてあげるよ。一緒に食べよう。」と、タヌキさんが言いました。タヌキさんは、玉子焼きを分けてあげました。キツネさんは、「ありがとう。この玉子焼き、とってもおいしいね。」と言いました。お昼ご飯を食べ終わった後、時間があったので、キツネさんは、家まで急いでお弁当を取りに帰りました。キツネさんの家は、キャンプ場の山の隣の山なので、すぐに帰ってくることができました。キツネさんは、タヌキさんに、お弁当を分けてもらったので、お返しをしようと思ったのです。キツネさんのお弁当の中にも、玉子焼きが入っていたので、分けてあげました。タヌキさんは、「この玉子焼き、とってもおいしいね。」と言ってくれました。２匹は、たくさん遊んで疲れたので、テントを張ってぐっすり眠りました。

（問題25の絵はお話を読み終わってから渡す）
①キツネさんがリュックに入れたものに、○をつけてください。
②タヌキさんが分けてあげたものに、○をつけてください。
③タヌキさんが分けてあげた時の顔に、○をつけてください。
④このお話を聞いて、どう思いましたか。（挙手制）

〈時 間〉　各15秒

〈解 答〉　①左端（ハンカチ）・右から２番目（ティッシュ）　②真ん中（玉子焼き）
③右端（笑っている）　④省略

学習のポイント

お話自体は難易度の高いものではありません。日頃から読み聞かせをしっかりしていれば、あまり難しいと感じることなく解けると思います。しかし、難易度が低い問題になればなるほど、全体の正答率は上がります。そのような点を考慮すると、違うプレッシャーがかかる問題といえるでしょう。また、お話の記憶は入試全体の出題率トップとなっており、「聞く力」を特に必要とする問題です。見方を変えれば、それだけしっかりと身につけてきてほしい力であると考えることができます。「聞く力」は入学後に必要不可欠な力になります。正誤の他に大切なこととして、保護者の方は解答用紙を確認し、解答記号がしっかりと書けているかどうかを見てください。この問題に限らず、自信のある問題の解答記号はしっかり書けていると思いますが、自信がない問題は、解答記号がいびつになることが多く観られます。そのようなことからも、お子さまの理解度が掴めますので、ぜひ参考にしてください。また、お話の感想については、挙手制による回答です。お友だちの様子を観てから反応するのではなく、積極的に手を挙げるようにしましょう。そして、挙手した時に腕が伸びているか、言葉遣いは間違いないかなど、細部にも気を配るようにしてください。

【おすすめ問題集】

1話5分の読み聞かせお話集①・②、お話の記憶問題集　初級編・中級編・上級編、
Ｊｒ・ウォッチャー19「お話の記憶」

問題26　分野：積み木　※女子

〈準備〉　積み木、紙（問題26－1の絵を参考に4×4のマス目を書く）
問題26－2の絵を参考にしながら積み木を積み、紙のマス目の左上に置き、段ボール箱で隠しておく。

〈問題〉　この問題は絵を参考にして下さい。
（段ボール箱を外して積み木を見せる）
お手本と同じように積み木を積んでください。

〈時間〉　1分

〈解答〉　省略

学習のポイント

男子の問題では、積み木の6面全体に矢印が描いてありましたが、女子の問題では半分の3面のみ印が描かれています。この問題も男子の問題と同じで、実際に展開図を作り、組み立ててみましょう。自分で積むことで位置関係が理解しやすくなります。お手本は、男子は写真でしたが、女子は実物でした。しっかりと観察して理解に努めてください。矢印は、積まれたときの状態によって向きが変わります。この向きの変化をしっかりと把握しましょう。組み立てたときの位置関係を理解するには、立体に印を描き、こうなるためにはどのような展開図にすればよいかという、逆の発想も大切です。さまざまな方法を用いて、楽しみながら理解を深めてください。

【おすすめ問題集】

Ｊｒ・ウォッチャー16「積み木」、53「四方からの観察　積み木編」

問題27　分野：お話の記憶　※女子

〈準備〉　鉛筆

〈問題〉　はなちゃんとけんたくんは、はなちゃんの家で遊んでいました。２人は、はじめ、仲良く遊んでいましたが、けんたくんが、「ねえ、ぼくにもぬいぐるみを貸してよ。」と言うと、はなちゃんが、「だめだめ。いつも私が遊んでいるの。」と言って、ウサギのぬいぐるみを取り合ってけんかになってしまいました。すると、突然、周りが真っ暗になりました。目を開くと、なんと、２人はおもちゃの国にいるのです。そこでは、ギザギザしている歯ととんがった背中のある生き物やクマのぬいぐるみが一緒に踊っています。みんな楽しそうにしているのに、ウサギのぬいぐるみだけが、端っこで座って泣いています。はなちゃんとけんたくんは、ウサギのぬいぐるみに、「どうしたの。」と声を掛けましたが、ウサギは泣いたままです。２人は、心がチクチクしてしまいました。また、周りが真っ暗になりました。２人が目を開くと、元のはなちゃんの家でした。けんたくんが、「はなちゃんが、先に遊んでいたから、先にウサギちゃんを使っていいよ。」と言いました。はなちゃんは、「ううん。けんたくんが先に使って。」と言って、２人は仲直りしました。２人は、心のチクチクがなくなりました。

（問題27の絵はお話を読み終わってから渡す）
①おもちゃの国にあったものはどれですか。○をつけてください。
②２人が遊んでいたところはどれですか。○をつけてください。
③最後のウサギさんはどのような顔でしたか。○をつけてください。
④このお話を聞いて、どう思いましたか。（先生が１人ひとり聞きにきて、タイマーが鳴るまでに発表する）

〈時間〉　①～③各15秒　④適宜

〈解答〉　①左から２番目（クマのぬいぐるみ）・右から２番目（恐竜）
②左端（はなちゃんの家）　③右から２番目（笑っている）

学習のポイント

協調性に関する内容を含んだ問題です。お子さまは、このお話を聞いてどのような感想を持ったでしょうか。そして、頭では理解できていても、実際に行動する場合、同じようなことができるでしょうか。入学試験では、初めて会ったお友だちとコミュニケーションを取らなければならないことがあります。現状、コロナ禍以降の特徴として、この行動観察でチェックが入るお子さまが増えています。日常生活を通してしっかりと対策をとるようにしましょう。また、お話の記憶を解く力は、読み聞かせの量に比例するといわれています。試験対策としての読み聞かせは、抑揚をつけずに、また、絵を見せずに耳だけでお話を聞くようにするとよいでしょう。読み聞かせの作品は慎重に選んでください。近年、著作権の切れた作品で、残酷すぎるという理由から、最後の内容が変わっているものも発行されています。残酷な内容にはその理由があります。著者の想い、掲載理由をしっかりと受け取り、お子さまの情操教育にお役立てください。お話の感想は、先生が聞きに来ます。先生が近くにいるからといって、小さな声にならないよう、ハキハキと発表しましょう。普段から読み聞かせをしたあとに感想を聞いて慣れておくとよいでしょう。その上で、回答するときの姿勢、視線、言葉遣いなどもチェックしましょう。

【おすすめ問題集】
1話5分の読み聞かせお話集①・②、お話の記憶問題集 初級編・中級編・上級編、Ｊｒ・ウォッチャー19「お話の記憶」

問題28　分野：行動観察

〈準備〉　台、空き缶、マット
床に上靴を脱ぐ枠を作る。
台の下に空き缶を用意する。

〈問題〉　**この問題の絵はありません。**
３～５人で１グループになる。
赤チームと青チームに分かれます。まずは、同じグループの人に挨拶をしましょう。台の下にある缶を１個ずつ取って、缶積みをしてください。高く積めたチームの勝ちです。手で支えてはいけません。もし、途中で倒れても、すぐにやり直しましょう。では、「どうぞ。」の合図で、枠の中で上靴を脱いで、マットにあがりましょう。
（終了後）缶を１つずつ取って、戻しましょう。

〈時間〉　２分

〈解答〉　省略

学習のポイント

近年、このような出題が全国的に増えています。その理由として、入学後、お子さまは集団行動をすることが多くなり、お友だちとの関わりが非常に重要であることが挙げられます。その環境に入ったとき、上手くやっていけるかどうかは大切なことです。1人のわがままが全体に影響してはよくありません。このように、学校側は、集団生活に馴染めるか否かはしっかりと見極めておく必要があります。ですから、入試においてはお子さまの「素」の状態を観ようとしています。競争、失敗した後の言動などは、この「素」の状態が出やすくなります。誰もが失敗をする可能性がありますが、その際に、お友だちを責めたり、強く言ったりしてはいけません。また、競争をする環境を作ると、協調性を無視して、自分だけ強引に行動してしまうお子さまもいます。また、その逆もしかりで、コミュニケーションに対して消極的になってしまうお子さまもいるでしょう。先生からの指示をよく聞き、しっかりと守ること、また、お友だちの意見も聞きつつ、自分の意見もしっかりと話せることが大切です。日常生活でお子さま自身の意見を伝える場を積極的に設けるだけでなく、保護者の方がしっかりと受け止めてあげることが必要です。保護者の方の躾感、規範意識が大きく影響しますので、普段の生活から意識するようにしましょう。

【おすすめ問題集】
Ｊｒ・ウォッチャー29「行動観察」、30「生活習慣」、56「マナーとルール」

問題29　分野：運動

〈準 備〉　なし

〈問 題〉　**この問題の絵はありません。**
先生の真似をしてください。声は出さないでください。
（屈伸、足首回し、ジャンプ）
（お手本の先生は、「１、２、３、４…」と声を出す）

〈時 間〉　適宜

〈解 答〉　省略

学習のポイント

特別難しい内容ではありませんが、先生が声を出しても、お子さまは声を出さないようにという指示を守ることができたでしょうか。その他には、積極的に、ダラダラせずに取り組めたか、始まる前と後はフラフラせずにしっかりと立っていられたか、このような基本的なことができていれば、特に難しい内容ではありません。このような問題は、加点式ではなく、できなかった場合に減点のチェックが入る減点式を取り入れていることが多いです。しかし、この問題での減点は、基本的なことができていないという大きな意味の減点になる可能性があります。判定会議において、心証の良くない減点という位置づけになりかねません。このようなところで減点をされないよう、普段からメリハリをつけた生活を心がけましょう。

【おすすめ問題集】
新 運動テスト問題集、Ｊｒ・ウォッチャー28「運動」、29「行動観察」

問題30　分野：運動

〈準 備〉　タンバリン、テープ
テープで枠を作る。

〈問 題〉　**この問題は絵を参考にして下さい。**
（先生のお手本の通りに、枠を両足跳びして、端のタンバリンを叩きましょう。お手本は、真ん中の枠から始めて、右に跳んでタッチ、左端まで跳んでタッチ、という流れで動く。）
「やめ。」の合図があるまで続けてください。タンバリンを叩く手は、どちらの手でも構いません。

〈時 間〉　50秒

〈解 答〉　省略

学習のポイント

脚力、体力を必要とする問題です。その上で指示をしっかりと守れているかどうかが観点となります。バランス感覚が悪いと、続けている内に枠からはみ出したり、タンバリンを叩く時に転んでしまったりします。減点にはなりませんが、体力面、バランス感覚両方でよい点は臨めません。受験対策というとペーパーでの学習を考えるかと思いますが、実は外で元気に遊ぶことはお子さまの成長にとって必要不可欠です。外で身体を動かすことで、脚力、体力、バランス力が付くだけでなく、ストレスの発散ができることから、集中力を高めることにも役立ちます。その上で、使った道具の片付けなども必要になるため、受験に役立つことがたくさん詰まっています。ぜひ、ペーパーでの学習のあとに思いきり身体を動かす習慣をつけるようにしましょう。

【おすすめ問題集】
新 運動テスト問題集、Ｊｒ・ウォッチャー28「運動」

問題31　分野：運動

〈準備〉　平均台
問題31－１の絵をコインの外枠に沿って切り取り、平均台の上にランダムに貼る。
問題31－２の絵を参考に、平均台を配置する。

〈問題〉　**この問題は絵を参考にして下さい。**
コインのところを必ず踏んで、平均台の上を歩きましょう。もし、途中で落ちた時は、落ちたところからやり直しましょう。

〈時間〉　１分

〈解答〉　省略

学習のポイント

平均台を使用した運動はよく出題されますが、これは特徴的な問題といえるでしょう。平均台に障害物があり、それを避けて通ることはよくありますが、この問題では、平均台の上に置いてあるコインを全て踏まなければなりません。この条件があることによって、歩幅を計算しながら進む必要があります。また、そこにバランスのことも含まれます。何回も平均台から落ちるのはよくありませんが、１回くらいであれば、落ちた時のルールに沿って行動できれば大きな減点はないでしょう。むしろ、この問題で大きな差がつくのは待っている時の態度です。最後の出題なので、疲れていると思いますが、最後まで集中力を切らさないよう日頃から体力づくりに努めましょう。

【おすすめ問題集】
新 運動テスト問題集、Ｊｒ・ウォッチャー28「運動」

2022年度の過去問題

問題32　分野：積み木　※男子・女子

〈準備〉　ゼッケン（腰あたりの左部分のひもだけ保護者が結ぶ）
積み木

〈問題〉　（問題32のお手本を見せる）
お手本と同じように、積み木を置いてください。

〈時間〉　５分

〈解答〉　省略

［2022年度出題］

学習のポイント

この問題はグループごとに行われ、１グループ20名前後です。１人ずつ仕切りで区切られて、隣は見えないようになっています。４×４のマス目にさまざまな模様が描かれているものを、ひとつずつ方向を確認して、マス目も間違えないように置く必要があるので、かなり難問です。慌てず、サイコロの目がどのようになっているか確認して置いていきましょう。まずは天井に当たる面を見つけ、その状態のまま左右に動かしていき、正面・左の面など側面がお手本のようになれば、あとはマス目（座標）さえ間違わなければ大丈夫です。２段重なっているサイコロは、側面の形に注意して考えていきましょう。

【おすすめ問題集】
Ｊｒ・ウォッチャー10「四方からの観察」、16「積み木」、47「座標」、
53「四方からの観察　積み木編」

問題33　分野：お話の記憶　※男子

〈準備〉　鉛筆

〈問題〉　お話をよく聞いて、後の質問に答えてください。

動物幼稚園のみんなで、遠足に行きました。お昼の時間になったので、フクロウくんはツバメさんと一緒にお弁当を食べました。フクロウくんのお弁当箱は、赤くて丸い形です。お弁当を食べ終わった後、幼稚園のクマ先生が「今日から新しいお友だちがやってきました。ペンギンさんです。」と、紹介してくれました。みんなは、新しいお友だちに、「あなたは空を飛べるの？」と質問しました。ペンギンさんは、「飛べないよ。」と答えました。それを聞いて、みんなは残念そうな顔をしました。するとペンギンさんは、思い出したように「空は飛べないけれど、海の中を泳いだり、潜って魚を獲ったりすることはできるよ。」と言ったので、みんなは「すごい。」と言って、拍手をしました。

（問題33の絵はお話を読み終わってから渡す）
①フクロウくんのお弁当箱の色と同じものはどれですか。○をつけてください。
②このお話に出てきた生き物に○をつけてください。
③最後にペンギンくんは、どんな顔だったと思いますか。△をつけてください。

〈時間〉　各20秒

〈解答〉　①左から２番目（トマト）　②左端（フクロウ）、右から２番目（ツバメ）
③右端（喜んでいる顔）

［2022年度出題］

学習のポイント

今回のお話の記憶は、分量もあまり多くなく、内容も複雑ではないため、記憶しやすかったというお子さまも多いかもしれません。お話の記憶が苦手なお子さまは、問題を解く前に、「幼稚園で何をしたのか」「誰としたのか」「どう思ったのか」など、今日あった出来事を質問してみてください。事前に、頭にイメージしてから読み聞かせをすることで、どのように想像したらよいか、その過程が分かり、記憶力の向上につながります。その他にも、お話を２回読んだり、お話の途中で設問にうつるなど、方法はたくさんあります。お子さまの記憶力に合わせて、徐々にステップアップしていくとよいでしょう。

【おすすめ問題集】

１話５分の読み聞かせお話集①・②、お話の記憶問題集 初級編・中級編・上級編、Ｊｒ・ウォッチャー19「お話の記憶」

問題34　分野：お話の記憶　※女子

〈準 備〉　鉛筆

〈問 題〉　お話をよく聞いて、後の質問に答えてください。

「昨日は丸いふわふわしたものが降っていたのに、今日は雪ダルマがまぶしそうだね。」と、リスくんが言いました。リスくんのお母さんは、「そういえば、クリスマスツリーに飾る赤い実が無いから、探して取ってきてくれる？」とリスくんに言いました。「わかった。探してくるね。」と言って、リスくんは山へ赤い実を探しに行きました。山で赤い実を探していると、友だちのネズミくんに会いました。ネズミくんは、暖かそうなマフラーをして帽子を被っていました。ネズミくんがリスくんに「何をしているの？」と聞くと、「ツリーに飾る赤い実を探しているんだよ。」とリスくんは答えました。ネズミくんは、「僕と一緒だね。」と答えたので、「君もツリーに飾る赤い実を探しているのかい。それなら、一緒に探そう。」と言いました。けれどもなかなか見つからないので、リスくんが「手分けをして探そう。」と言いました。「そうだね。僕はこっちに行くから、リスくんはあっちを探してみてくれるかな。」とネズミくんが言いました。しばらく探していると、ネズミくんは赤い実がたくさん落ちているところを見つけました。「わぁ。いっぱいあるなぁ。」と言った後、ネズミくんはリュックサックに、落ちていた赤い実を全部詰め込みました。ネズミくんが元の場所に戻ると、リスくんが「君は、いくつ見つけたの？」と聞いてきたので、「ひとつだけだよ。」と答えると、「僕はふたつ見つけたから、ひとつ君にあげるよ。」とリスくんが言いました。ネズミくんは、「えっ？いいの？」とびっくりした顔をしました。リスくんは、「はい、どうぞ。」と、赤い実をひとつネズミくんの手に渡しました。ネズミくんは、もらった赤い実をじいっと見ていました。

（問題34の絵はお話を読み終わってから渡す）

①赤い実を採りに行った時の天気はどれですか。○をつけてください。

②ネズミくんが身に着けていたものはどれですか。○をつけてください。

③リスくんから赤い実をもらった時のネズミくんの顔はどれですか。○をつけてください。

〈時 間〉　各20秒

〈解 答〉　①左から２番目（晴れ）　②左から２番目（マフラー）・右から２番目（帽子）
③右から２番目

［2022年度出題］

学習のポイント

お話の中での会話が多く、リスくんが話しているのか、ネズミくんが話しているのか、主語がわからなくなるようなやや複雑な内容です。また、後半には、ズミくんのずるい面とリスくんの優しさ、そしてネズミくんが自分のしたことに対する反省を含んでいるので、お話としては深いものがあります。ただ、出題はさほど難しくはないので、落ち着いて取り組むことができれば問題ありません。出題されてはいませんが、最後ネズミくんがリスくんからもらった赤い実をじっと見つめていたことや、なぜたくさん拾ったことをリスくんに話さなかったのか、お子さまの考えを聞いてみましょう。

【おすすめ問題集】

１話５分の読み聞かせお話集①・②、お話の記憶問題集 初級編・中級編・上級編、Ｊｒ・ウォッチャー19「お話の記憶」

問題35　分野：行動観察　※男子・女子

〈準　備〉　マット、ドミノ（B6サイズの厚み１cmのものを８枚）、円卓、テープ
円卓の周りにテープを貼る。

〈問　題〉　この問題の絵はありません。
（１グループ４名、円卓４か所に分かれ、４グループ一斉にスタート）
お友だちと力を合わせて、ドミノを並べましょう。上履きを脱いで、マットに上がり、正座をして行います。自分の前にあるドミノを、目の前の円卓の、テープの周りに沿って並べていきます。先生から「やめ」と言われるまで続けてください。最後に、ドミノを倒す人は先生が決めます。最後は、全員でドミノを片づけます。

〈時　間〉　適宜

〈解　答〉　省略

［2022年度出題］

学習のポイント

まずは、正座の練習をしましょう。昨今は椅子での生活様式が中心のため、正座のできないお子さまが増えていますが、受験をお考えであれば座布団などを用意し、時には正座のまま読み聞かせなども良いかと思います。ドミノを並べるにあたり、ひとりあたりの数は決まっているものの、並べる際にはお友だちが並べたものとの距離感、つまりドミノをつないで倒せるかを考えて並べる必要があります。自分で並べたものがうまく立っている、というだけではなく、お友だちの並べたドミノといかにつなげることができるかを考えながら取り組めるか、これも大きな要素になります。

【おすすめ問題集】

Ｊｒ・ウォッチャー29「行動観察」、30「生活習慣」、56「マナーとルール」

問題36　分野：行動観察　※男子・女子

〈準備〉　学校からの連絡事項の書かれたプリント

〈問題〉　**この問題の絵はありません。**

（お子さまから、保護者の方へプリントを渡してもらいます。）
「どうぞ」の号令があったら、プリントを渡しましょう。大切なプリントなので、両手で渡しましょう。

〈時間〉　適宜

〈解答〉　省略

［2022年度出題］

学習のポイント

最後の最後まで、行動観察がされています。たわいもないプリントを渡す様子ですが、小学校に通ってからは、学校と保護者の方への連絡は基本おたよりですので、お子さまがこのおたよりにあたるプリントを、いかにきちんと保護者の方に渡しているかは、学校にとってはかなり重要な項目のひとつでしょう。考査が終わりに近づき、お子さまはホッとして気持ちに乱れが出てくる時間かもしれません。家に戻るまでは、メリハリをつけて、最後までしっかり取り組むよう、指導が必要です。

【おすすめ問題集】
Ｊｒ・ウォッチャー29「行動観察」、30「生活習慣」

問題37　分野：運動　※男子・女子

〈準備〉　マット・ゴム段

〈問題〉　**この問題の絵はありません。**

（１グループ４名）
①先生のお手本通りに、準備運動をします。（屈伸、足首回し、ジャンプ）
②先生のお手本通りに、ゴム段くぐり、マットの飛び越えを、「やめ」の合図があるまで、続けてください。ゴム段をくぐるときに、ゴムを手で持ってはいけません。

〈時間〉　適宜

〈解答〉　省略

［2022年度出題］

学習のポイント

この問題は、「やめ」の合図まで続けることが大変なことかと思います。始めのうちはやる気満々で楽しく、また速く動けるでしょうが、何度も同じことの繰り返しなので、本人が疲れてくるだけではなく自分の前の志願者が段々遅くなることもあり、その際に顔に不満や急かす態度が表れないようにしないといけません。またひとつひとつの動きにも、そのたびにしっかりと止めの姿勢を示すことが肝心です。オリンピックの選手を思い浮かべていただくとお分かりになるかと思いますが、ひとつひとつの動作の締めをきちんとすることで、印象の度合いは、かなり違ってきます。

【おすすめ問題集】

Ｊｒ・ウォッチャー28「運動」、29「行動観察」、新 運動テスト問題集

家庭学習のコツ③　効果的な学習方法～問題集を通読する

過去問題集を始めるにあたり、いきなり問題に取り組んではいませんか？　それでは本書を有効活用しているとは言えません。まず、保護者の方が、すべてを一通り読み、当校の傾向、ポイント、問題のアドバイスを頭に入れてください。そうすることにより、保護者の方の指導力がアップします。また、日常生活のさまざまなことから、保護者の方自身が「作問」することができるようになっていきます。

問題2

受験者は四角に並んで座っている。
受験者は中央を向いており、他の受験者が進む様子を
見ることができる。

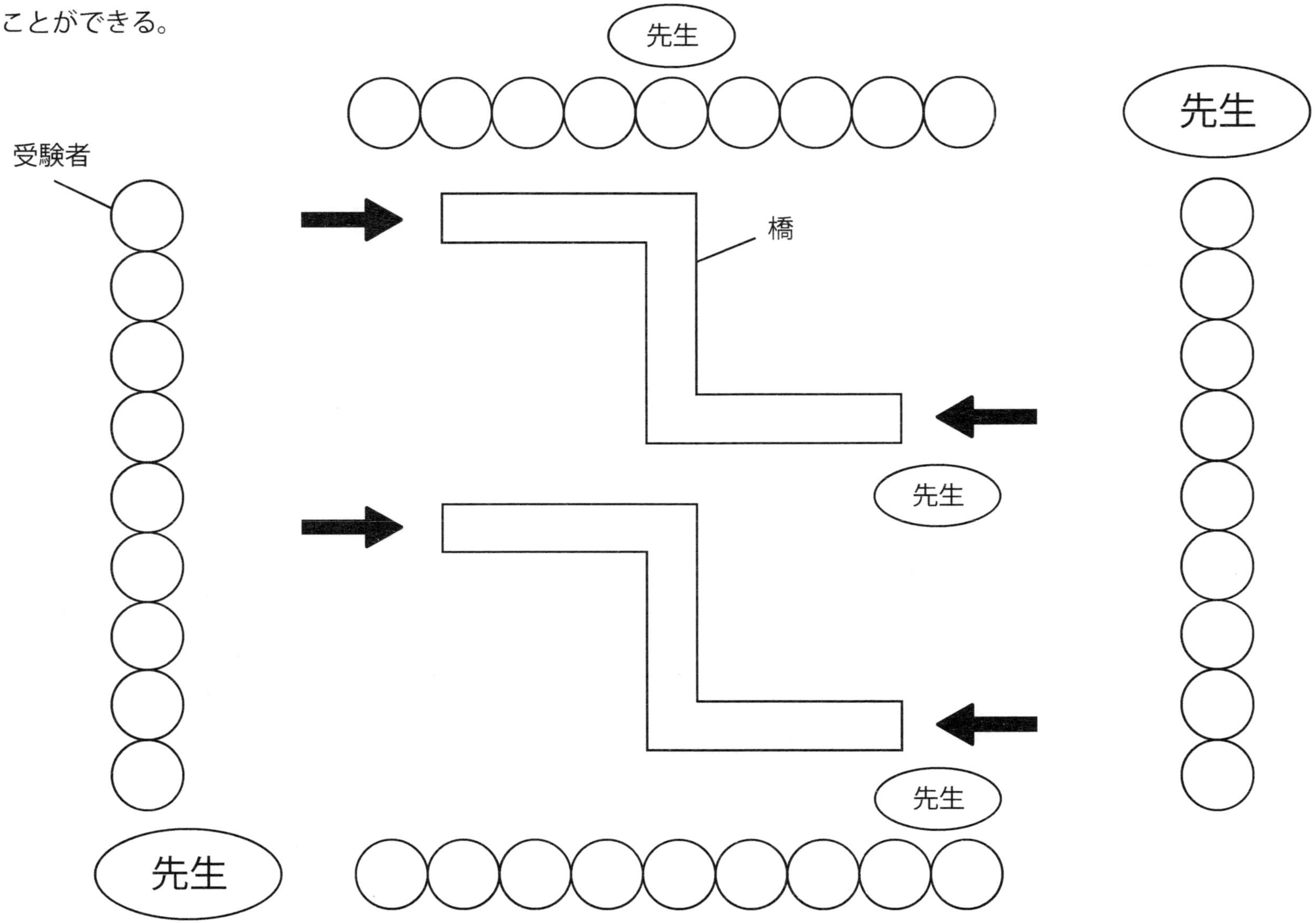

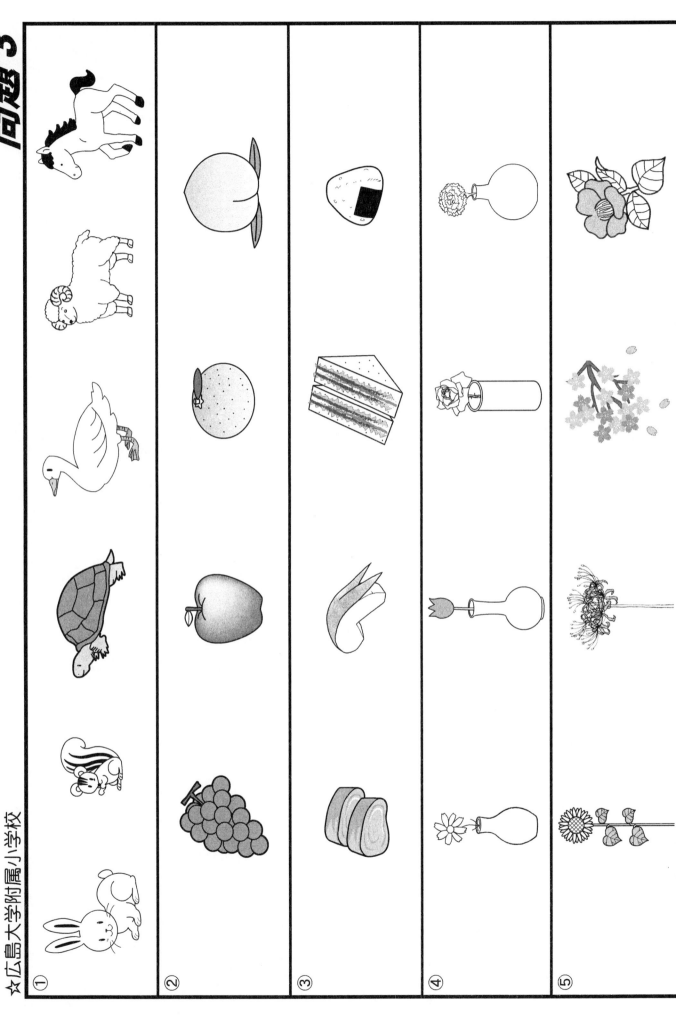

☆広島大学附属小学校

問題 3

①

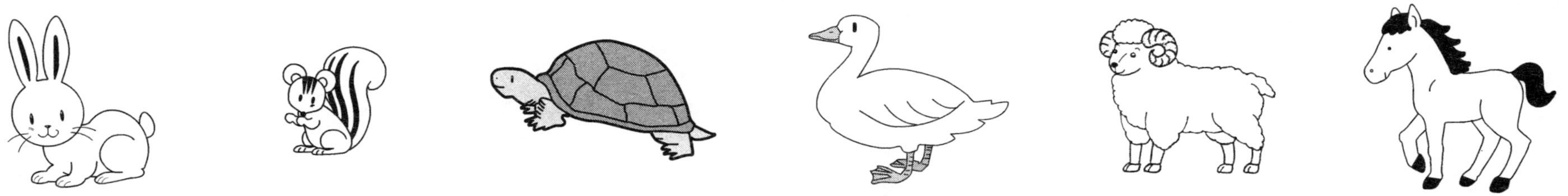

②

③

④

⑤

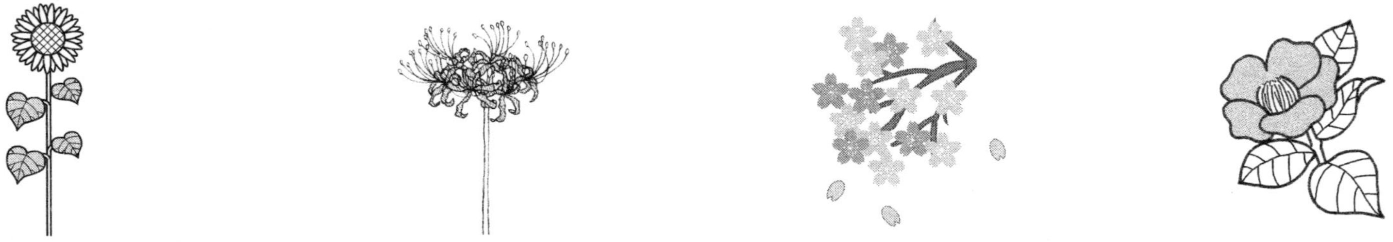

日本学習図書株式会社

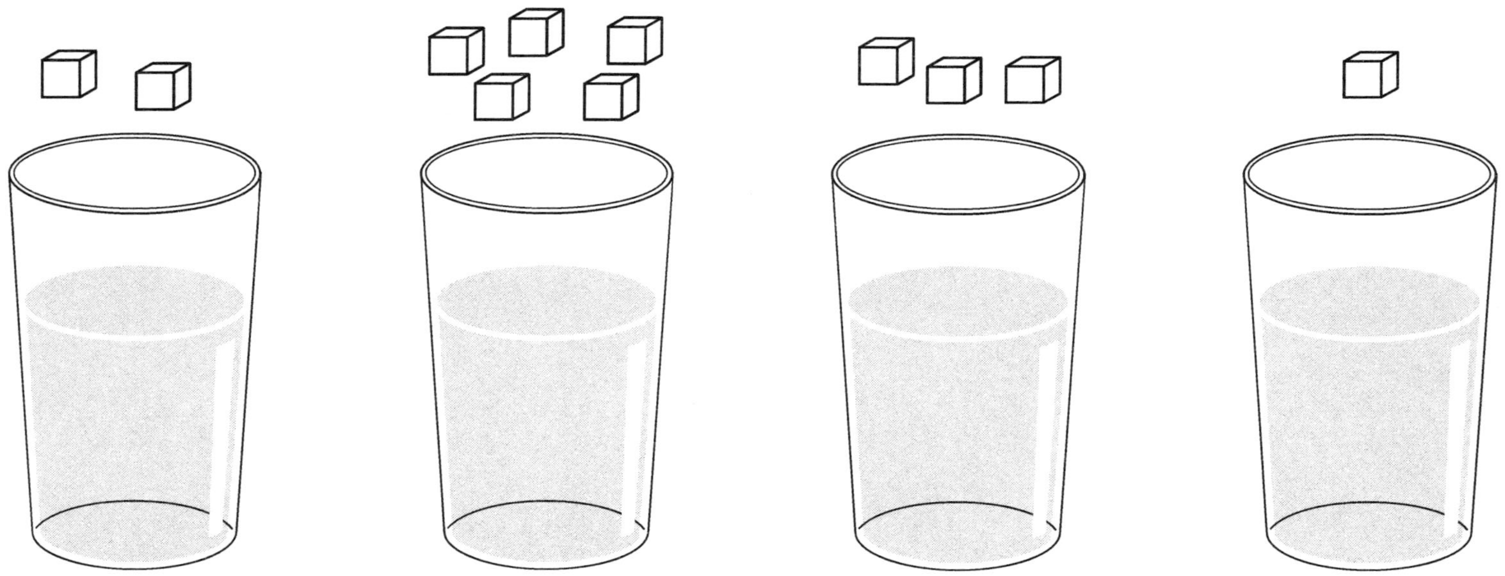

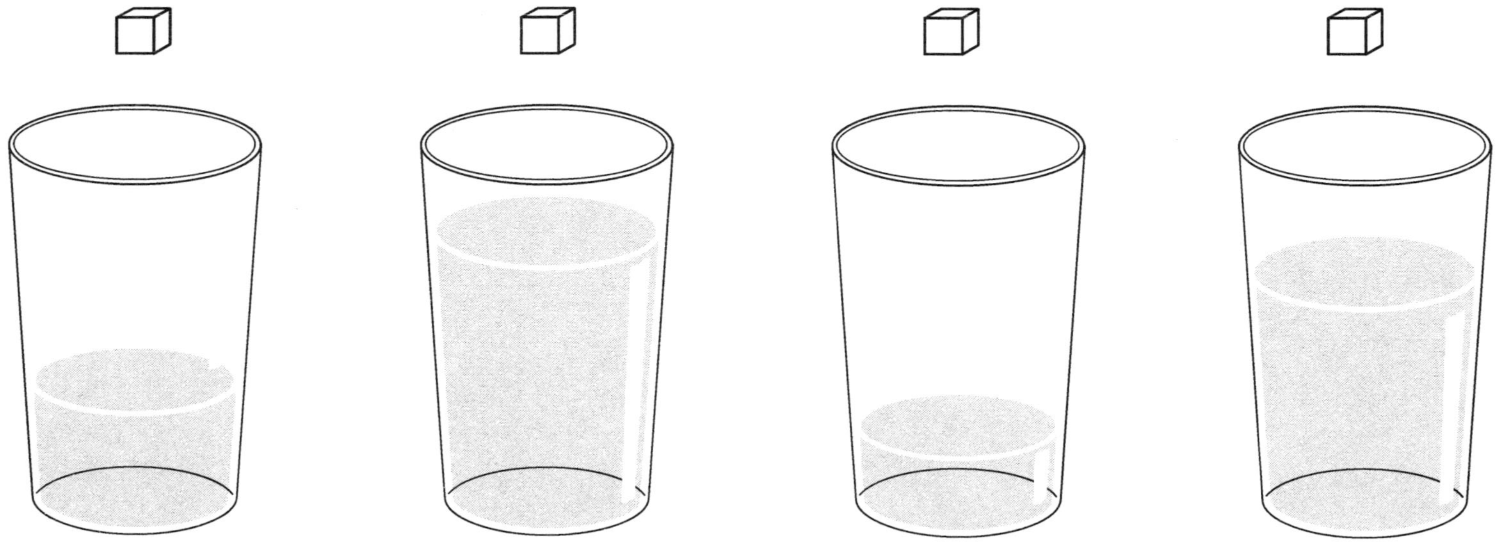

問題5－1

①

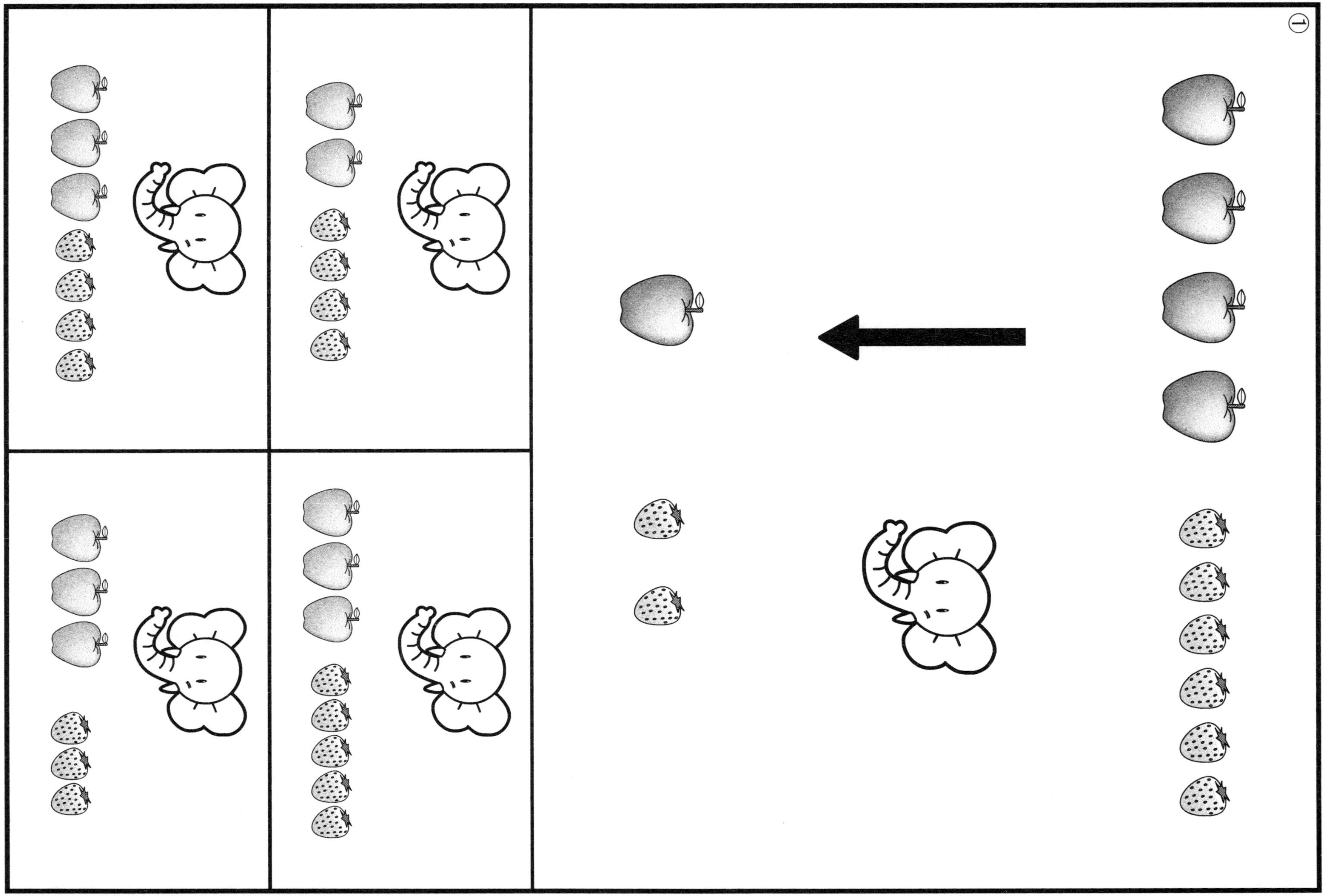

問題5－2

②

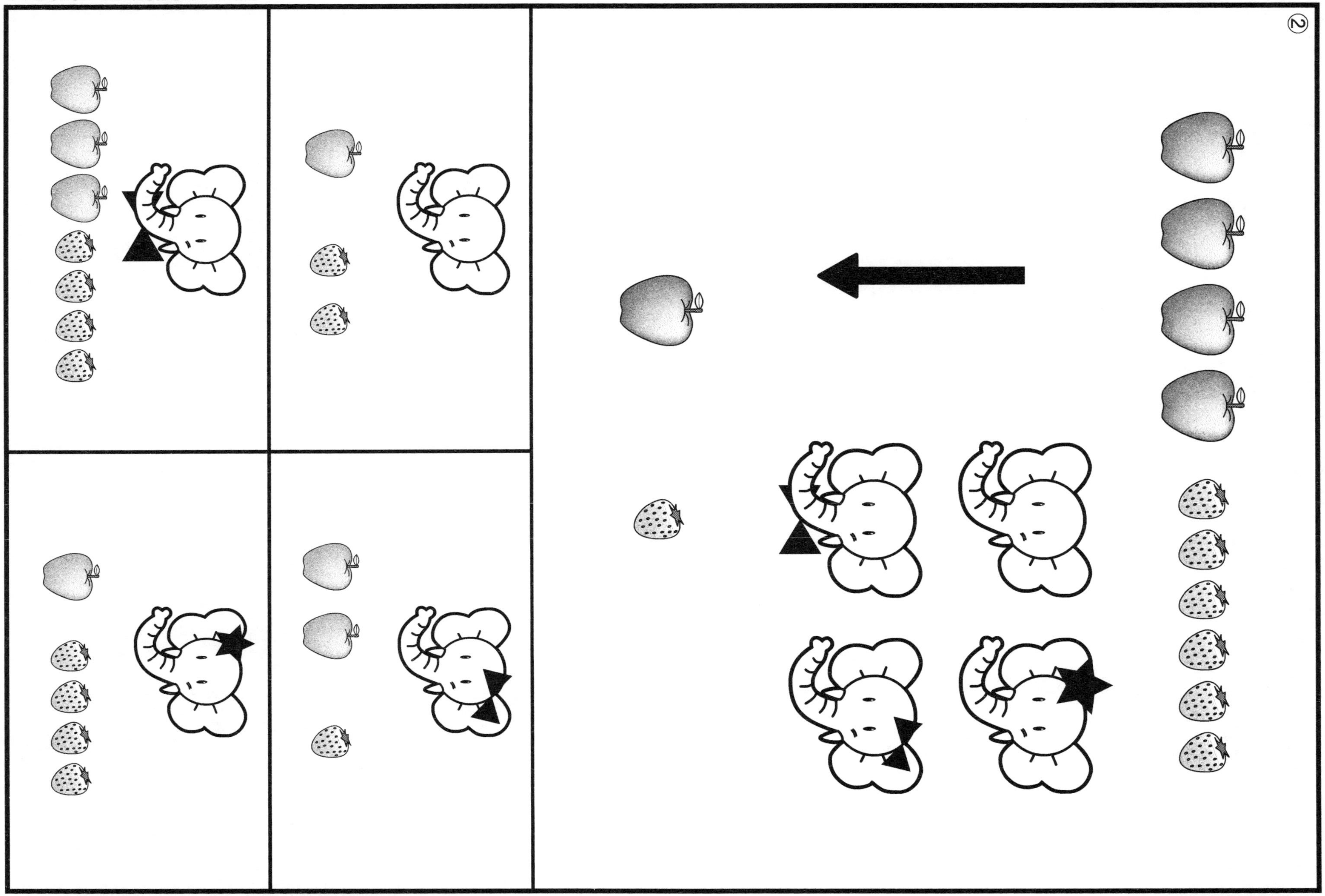

日本学習図書株式会社

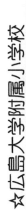

●○●●●○●●○●●○● | ？

●○○● | ●●○○

●○○● | ●●○○

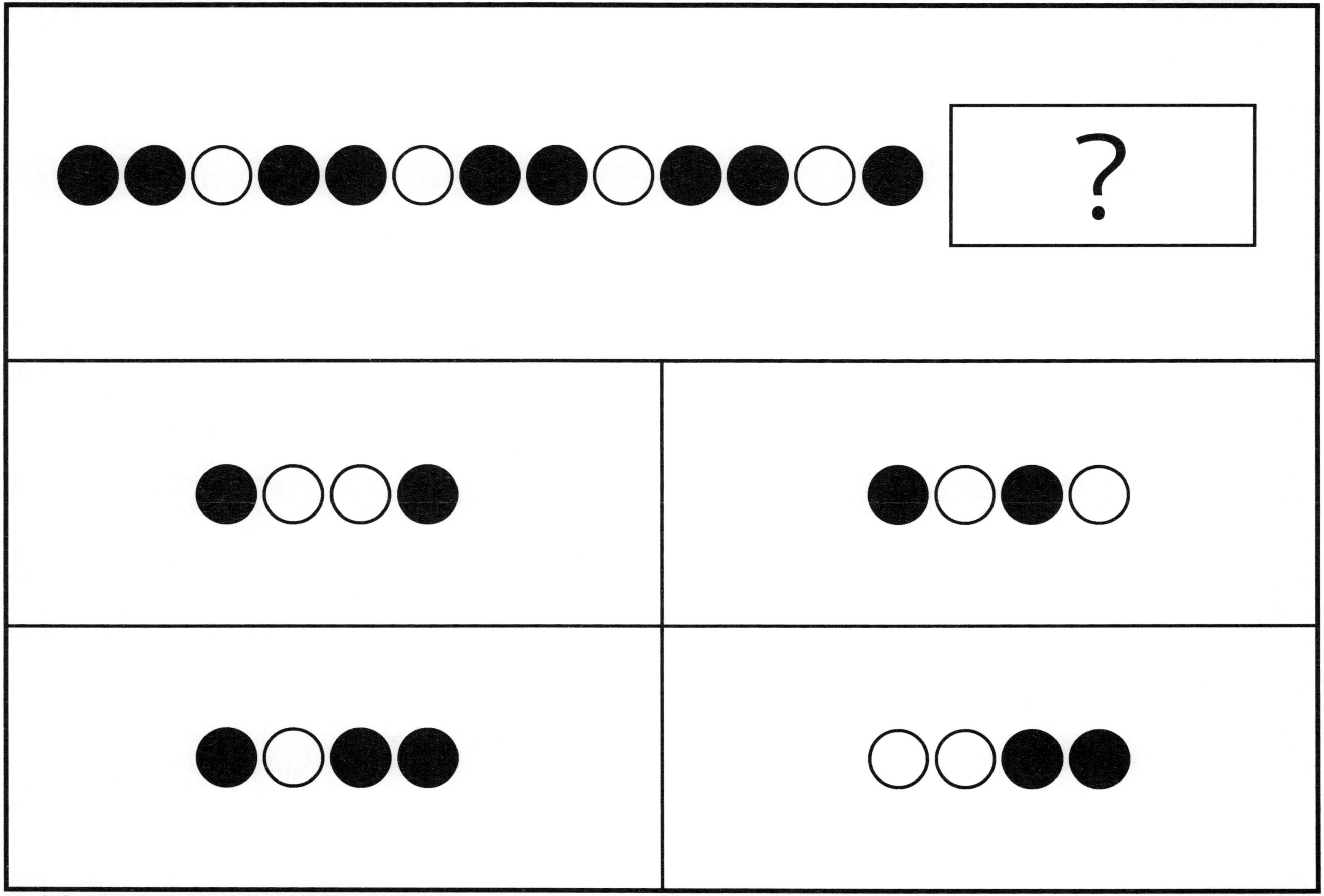

問題8

①

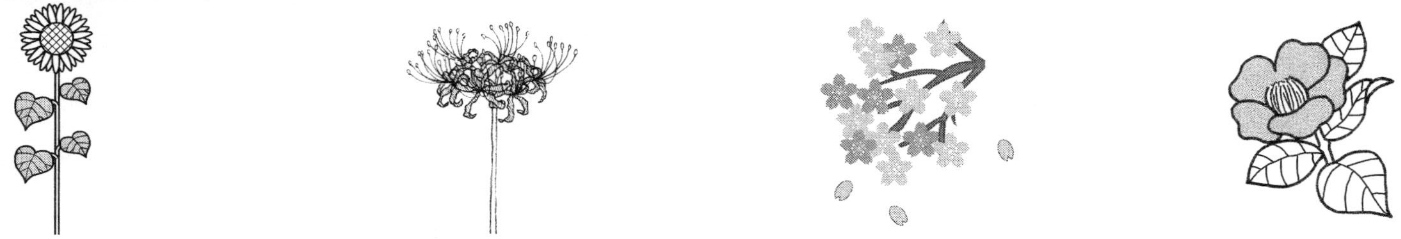

②

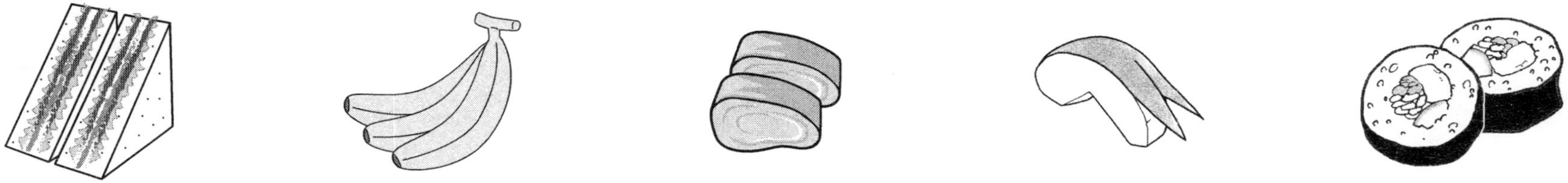

③

④

⑤

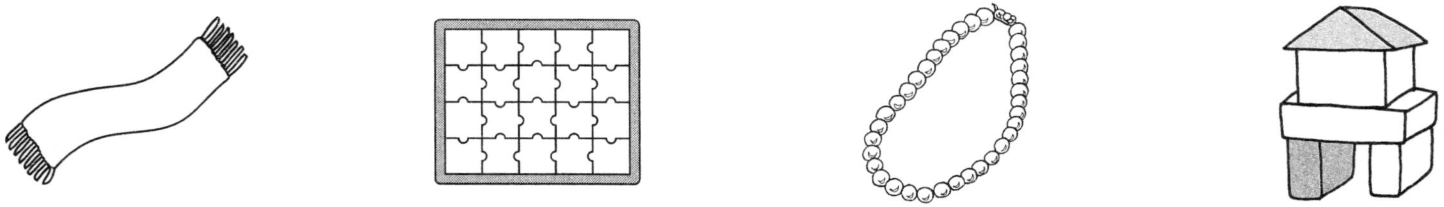

問題 9

①

②

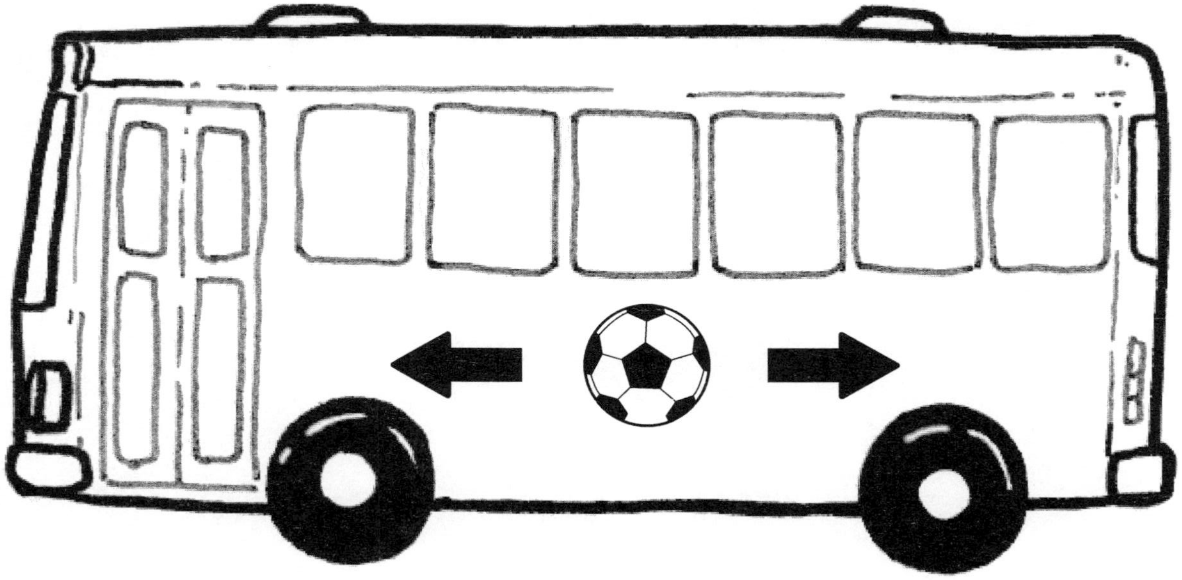

☆広島大学附属小学校

問題１０

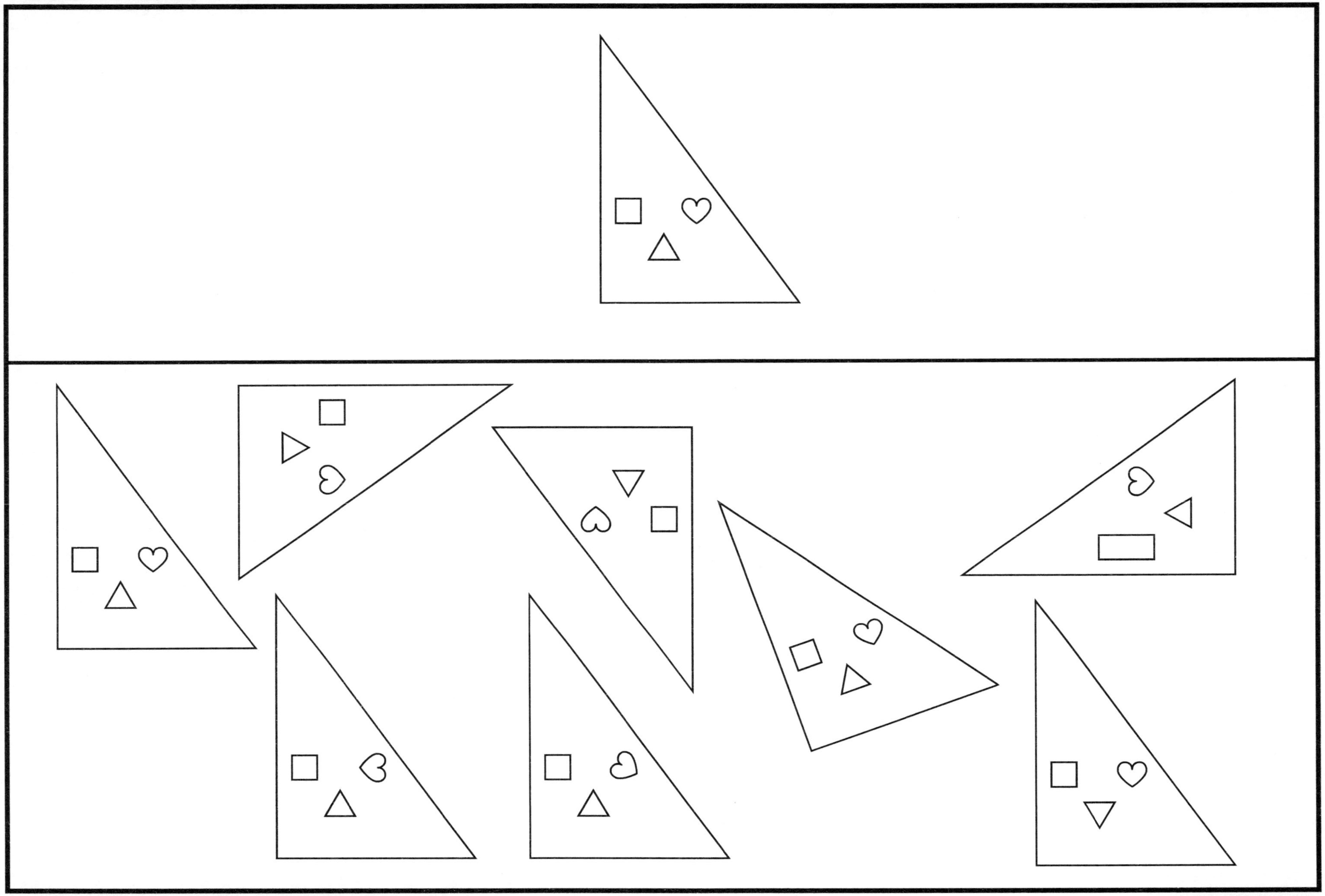

問題１１

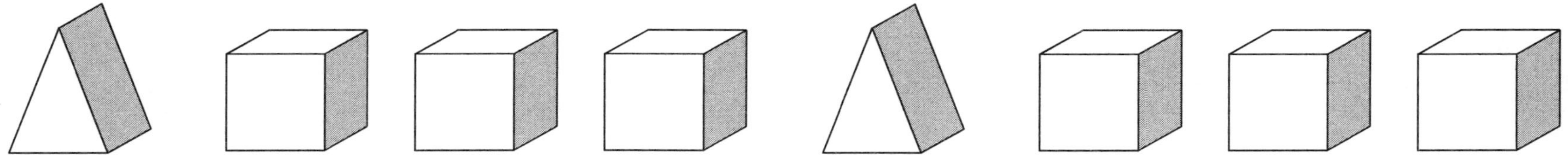

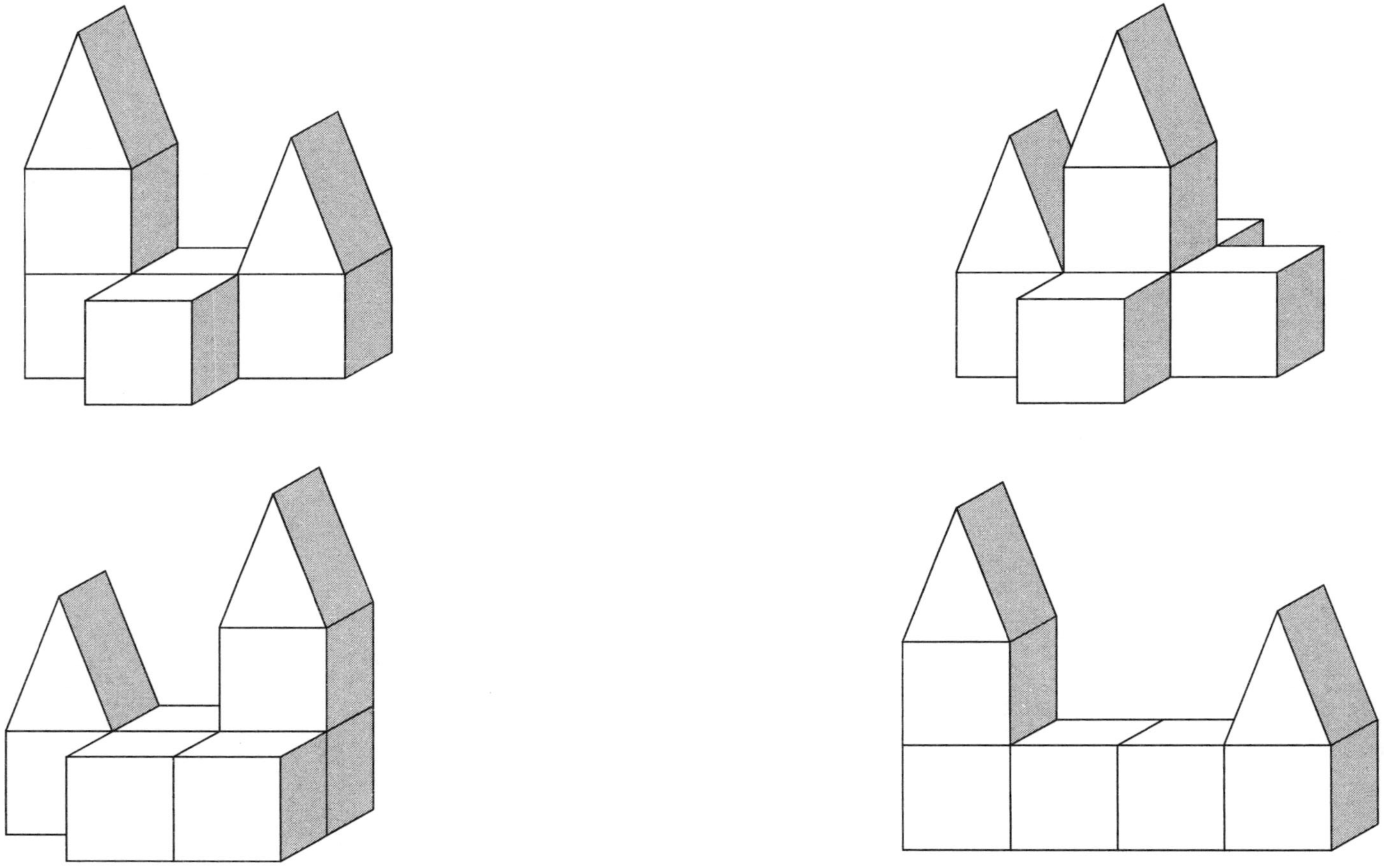

問題１４

歩き方のお手本

つま先とかかとを
くっつけるように歩く

受験者は四角に並んで座っている。
受験者は中央を向いており、他の受験者が進む様子を
見ることができる。

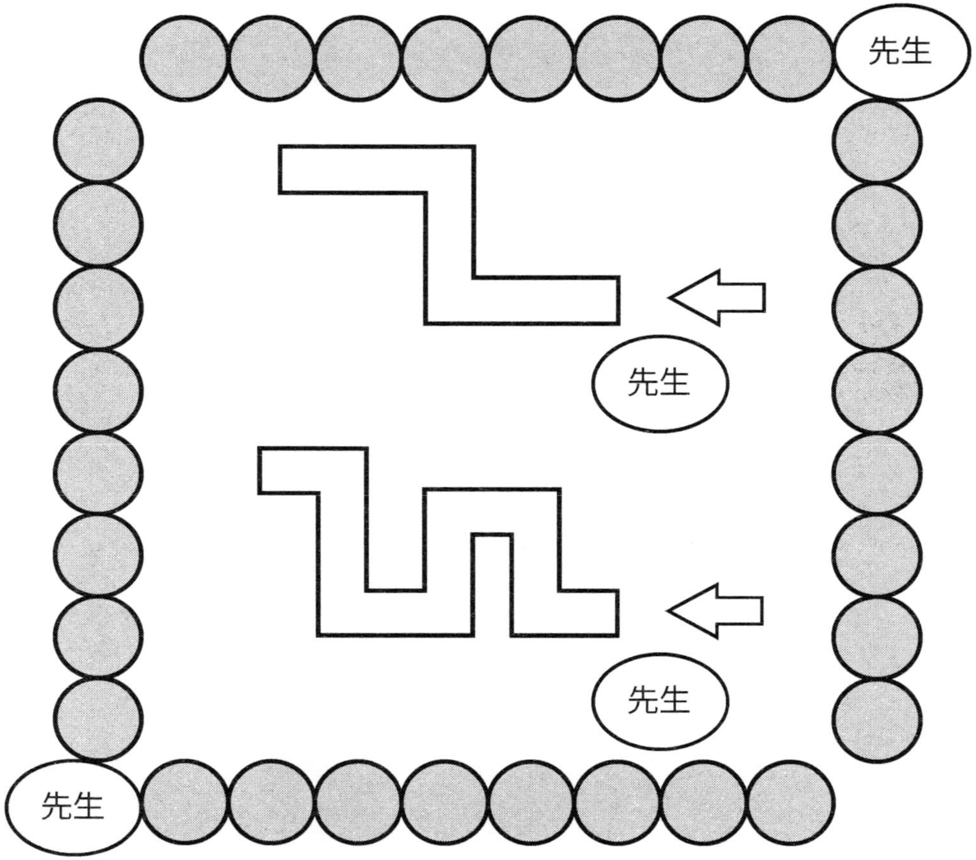

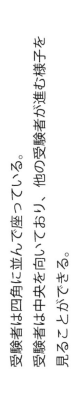

☆広島大学附属小学校

問題15

①

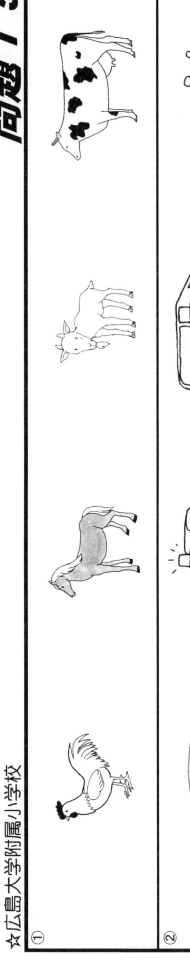

②

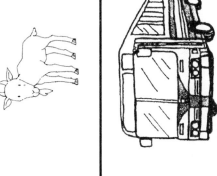

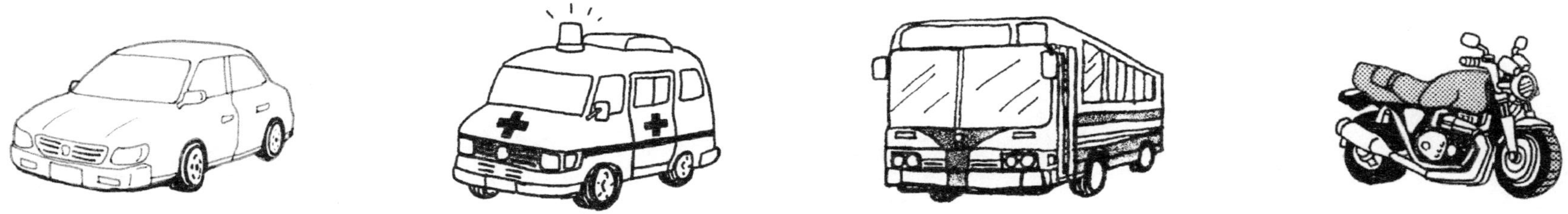

③

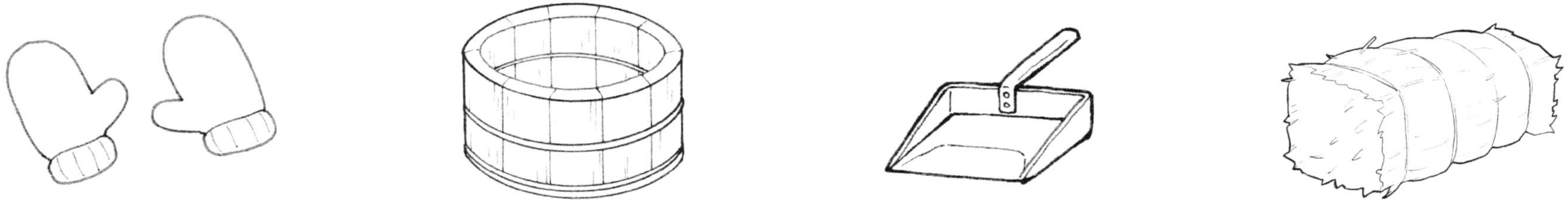

④

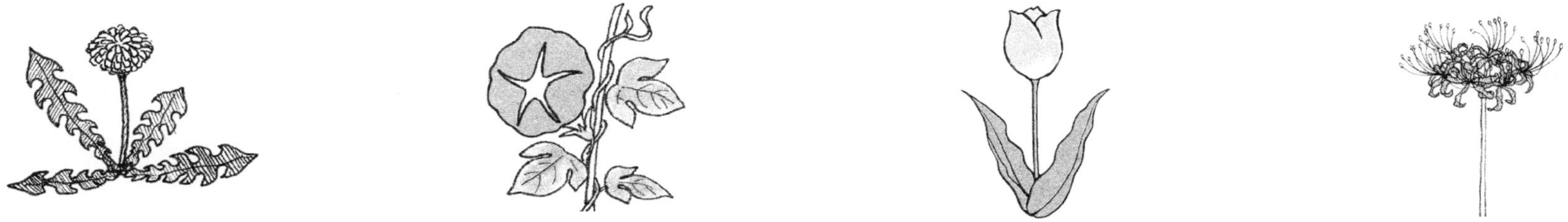

⑤

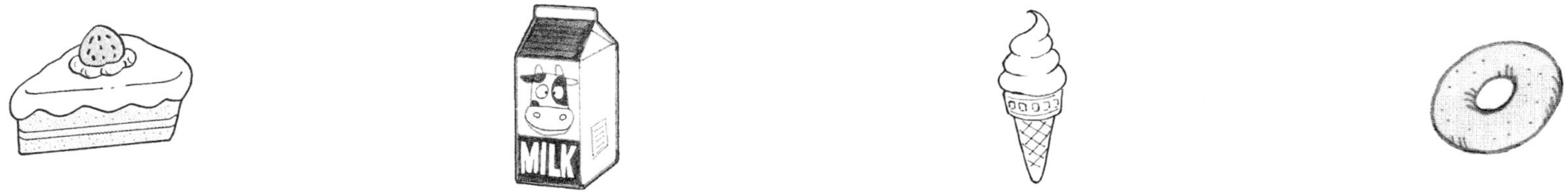

☆広島大学附属小学校

問題16

おてほん

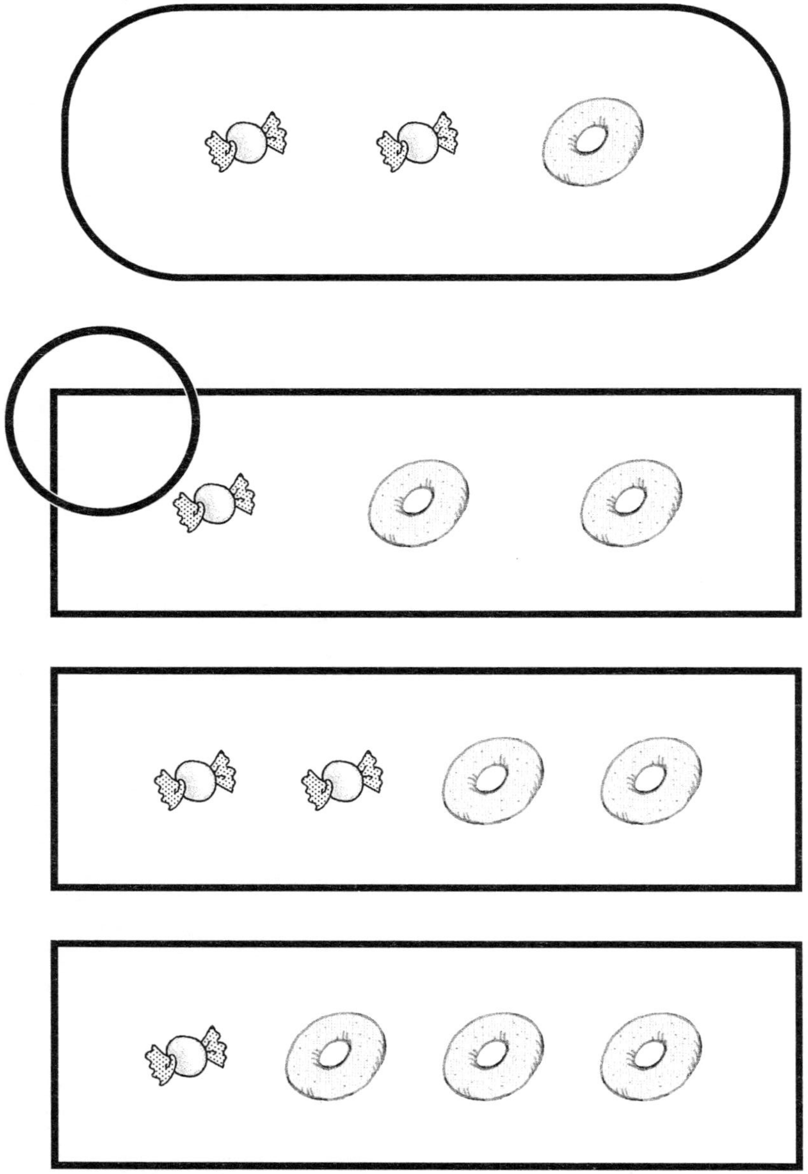

①

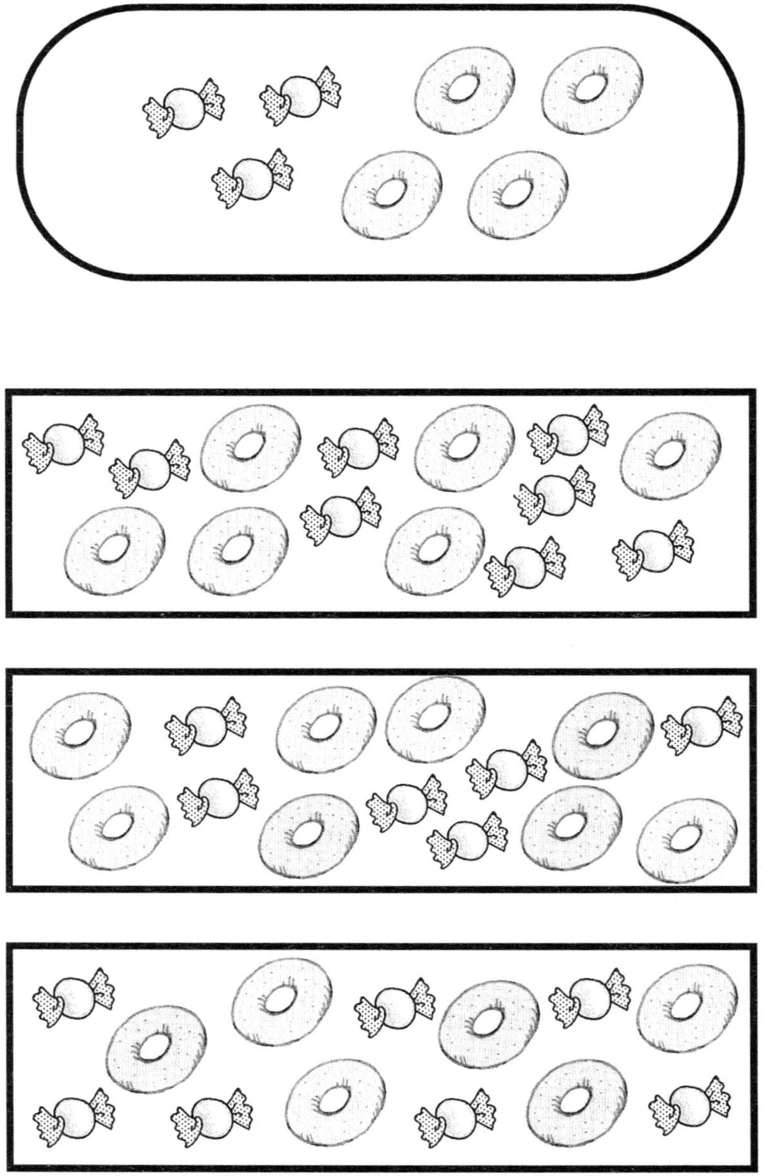

問題１７

おてほん

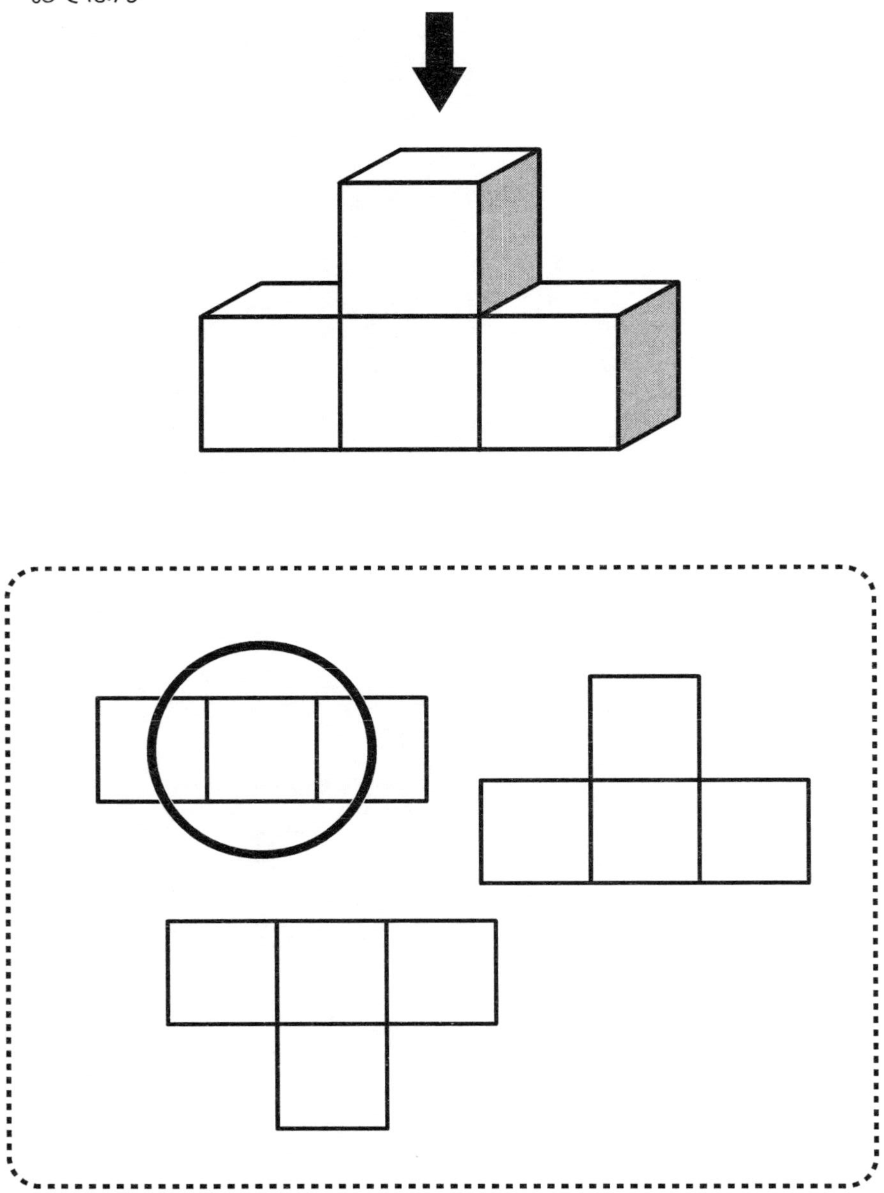

①

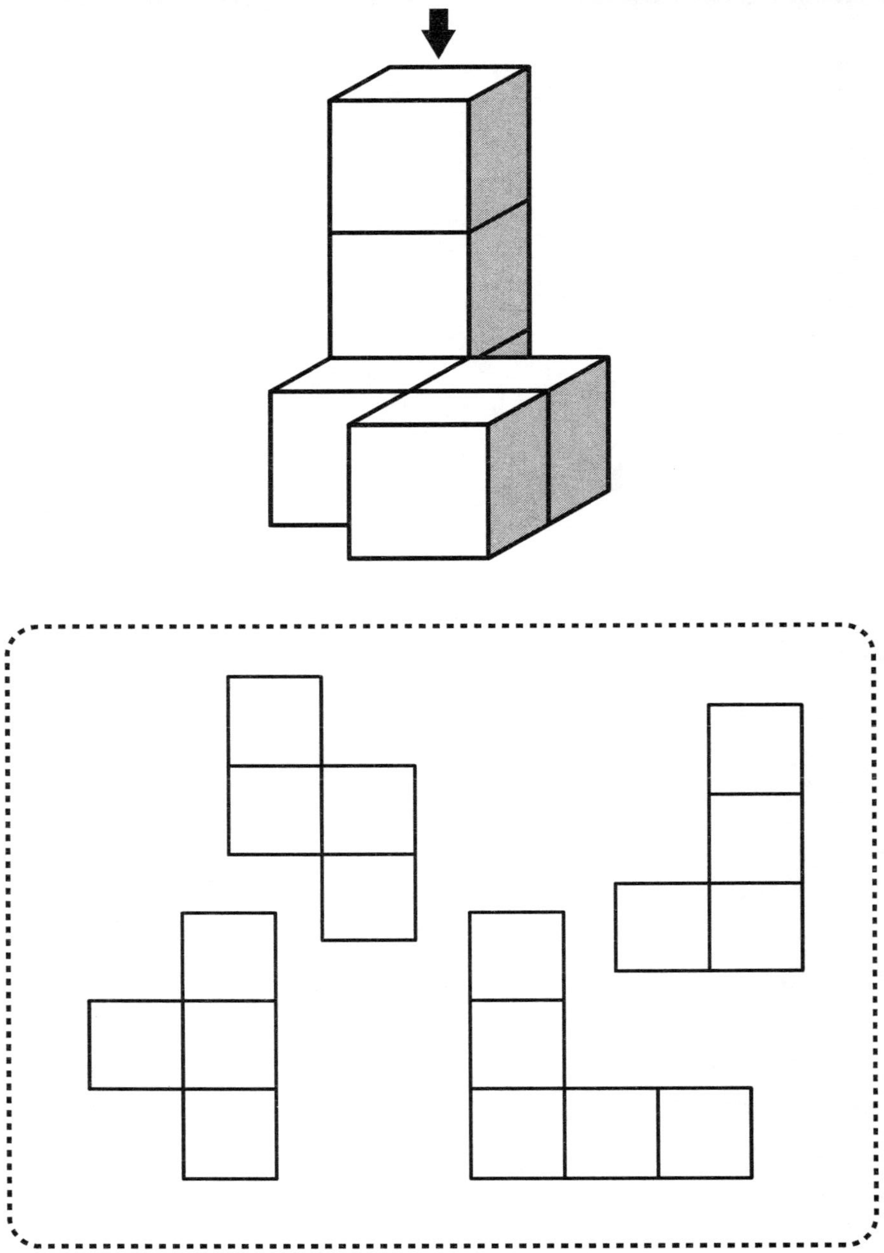

☆広島大学附属小学校

問題１８－１

おやくそく

れい

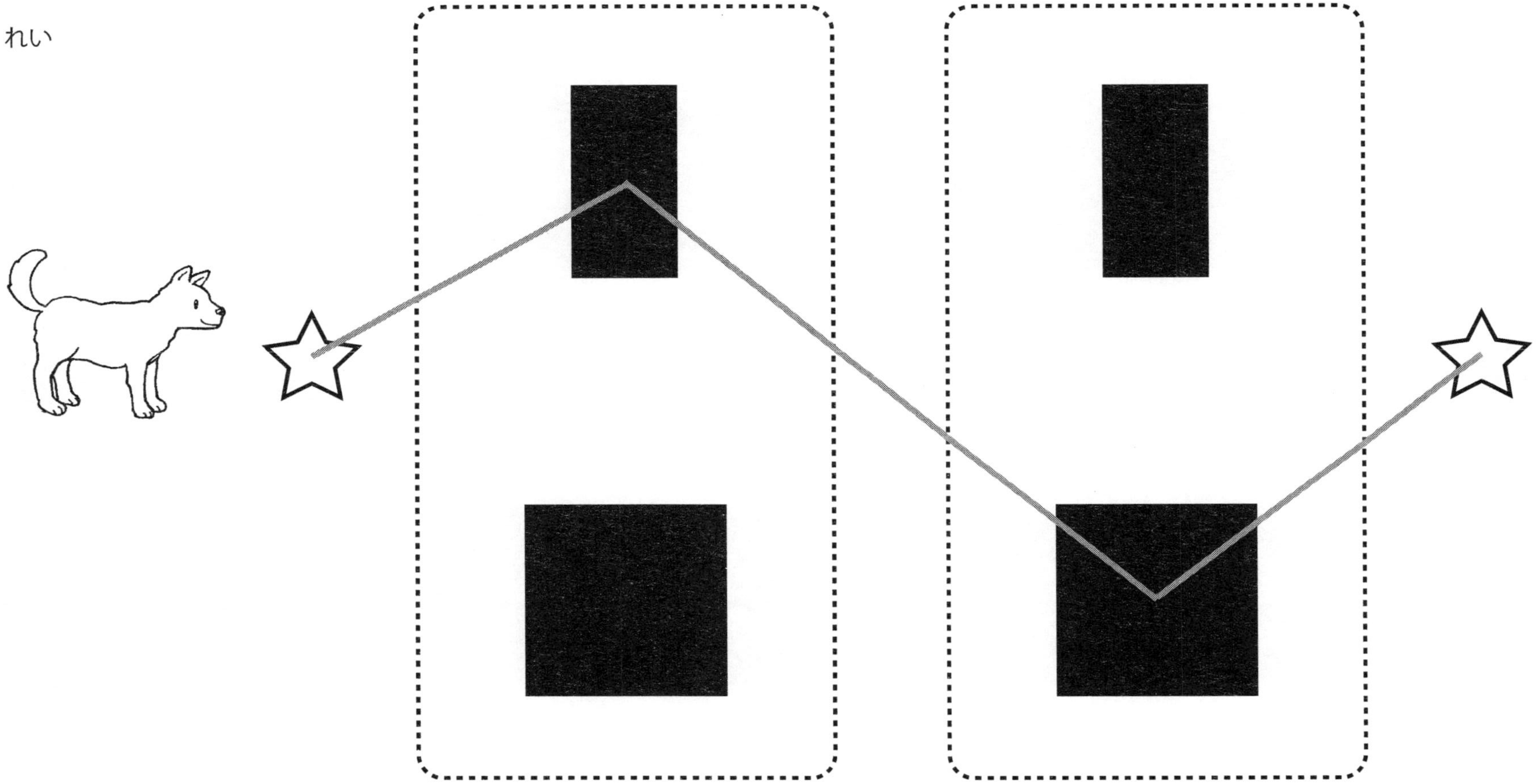

日本学習図書株式会社

☆広島大学附属小学校

2024年度 広島県版 国立小学校 過去 無断複製／転載を禁ずる

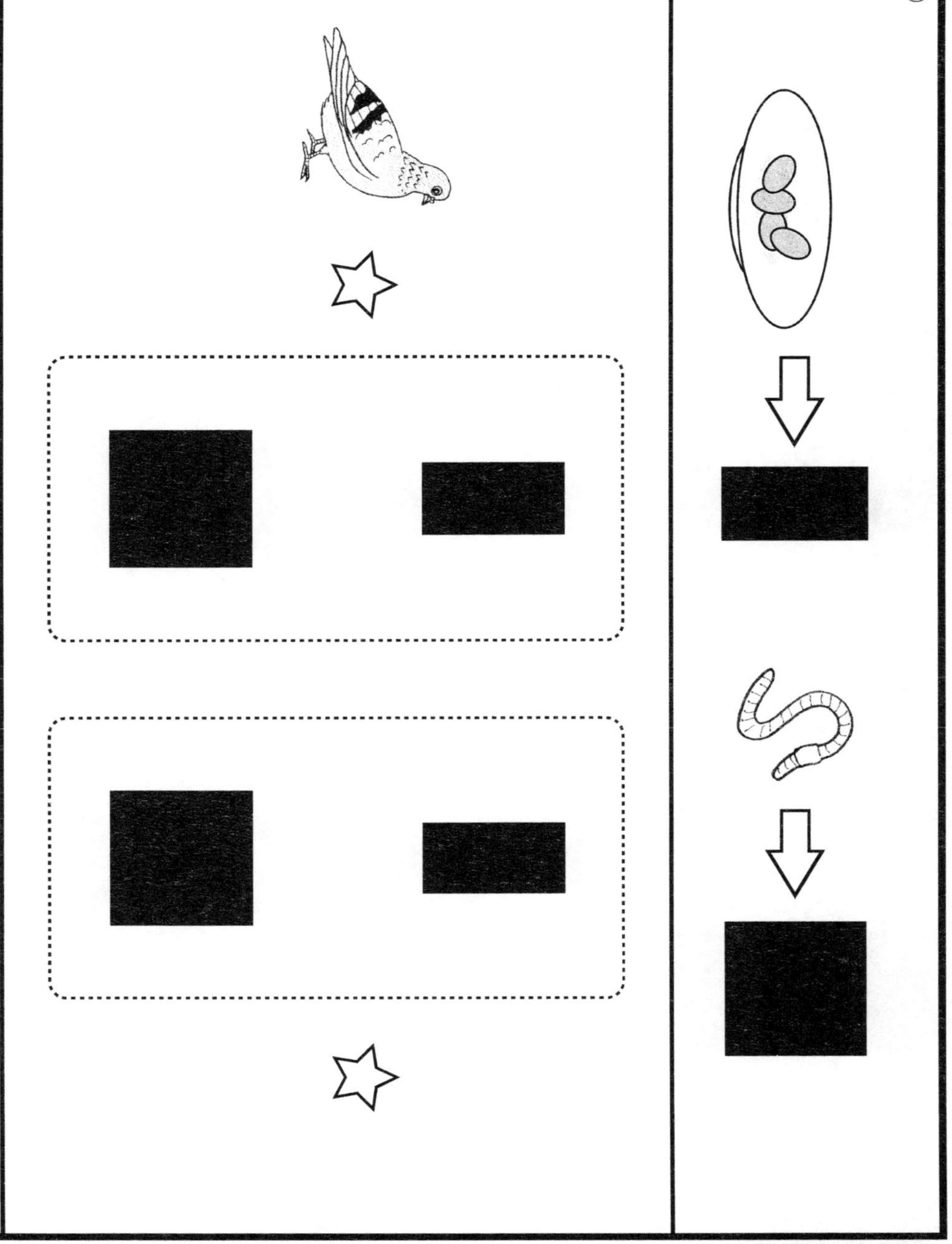

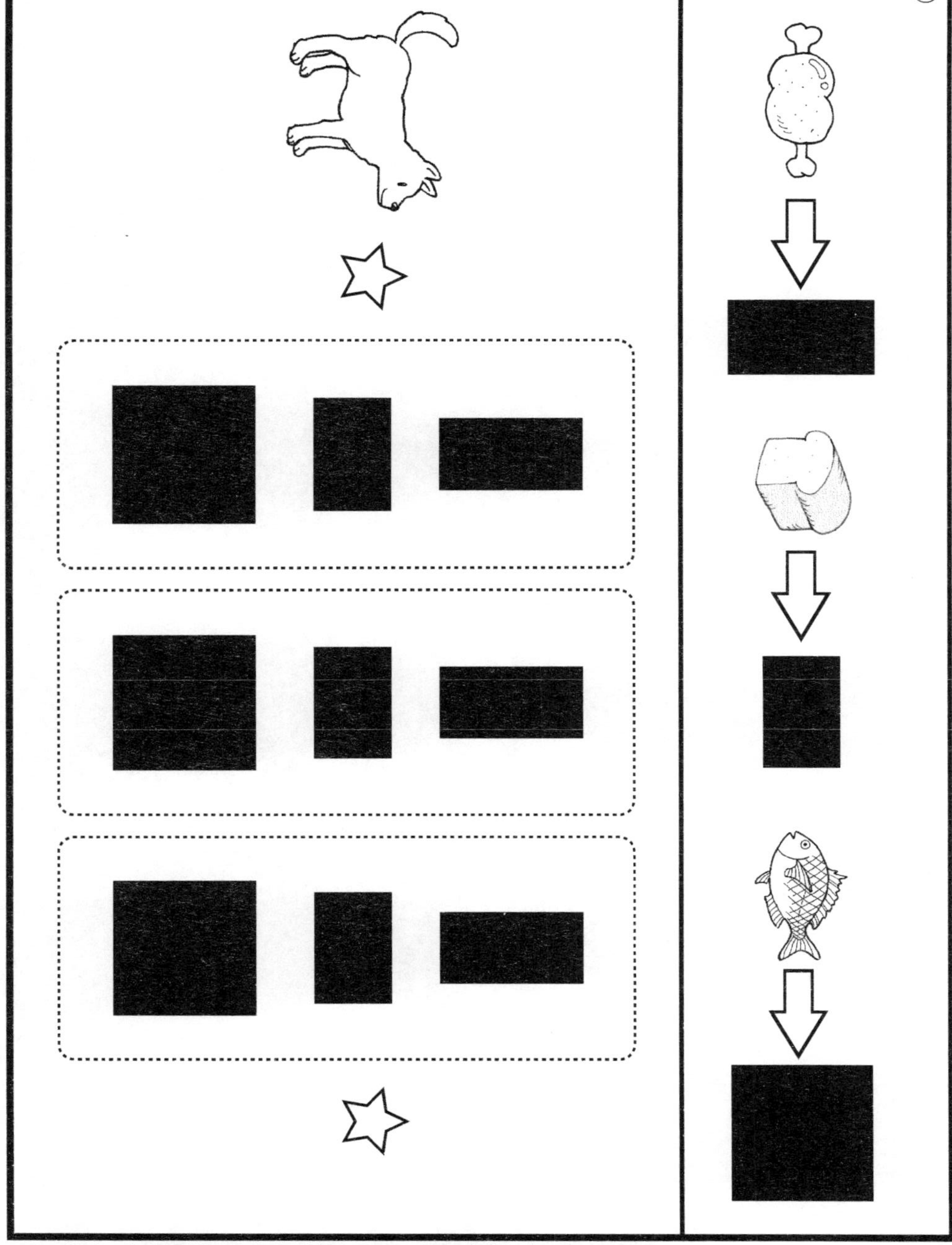

☆広島大学附属小学校

問題１９

①

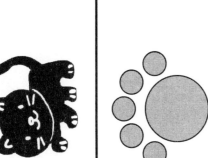

②

③

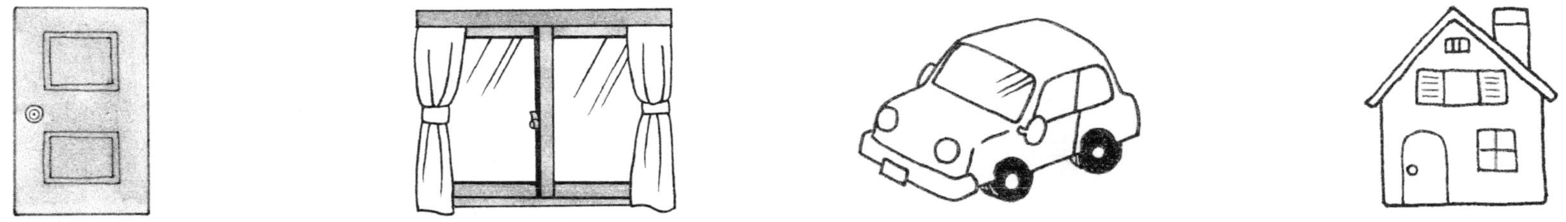

④

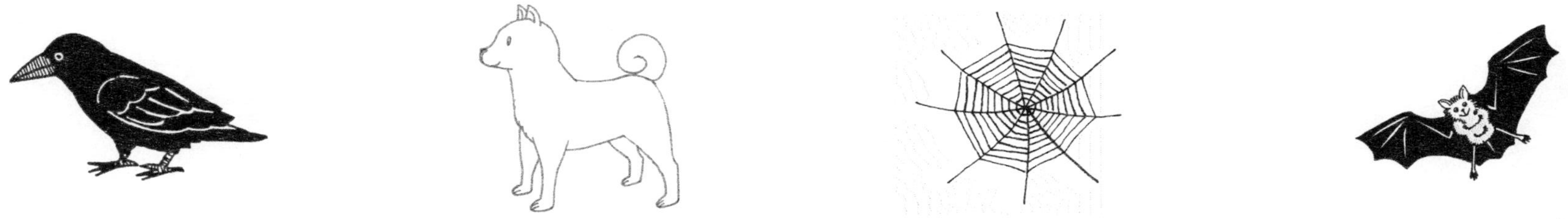

⑤

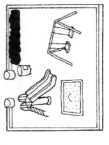

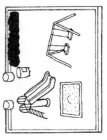

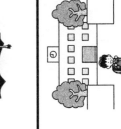

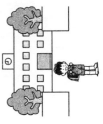

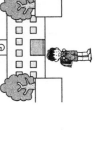

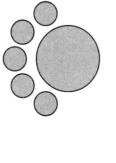

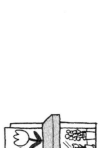

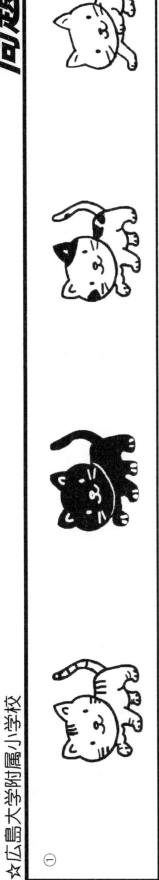

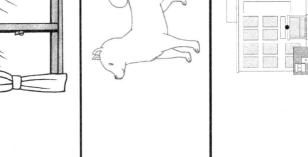

問題２０－１

おやくそく

れい

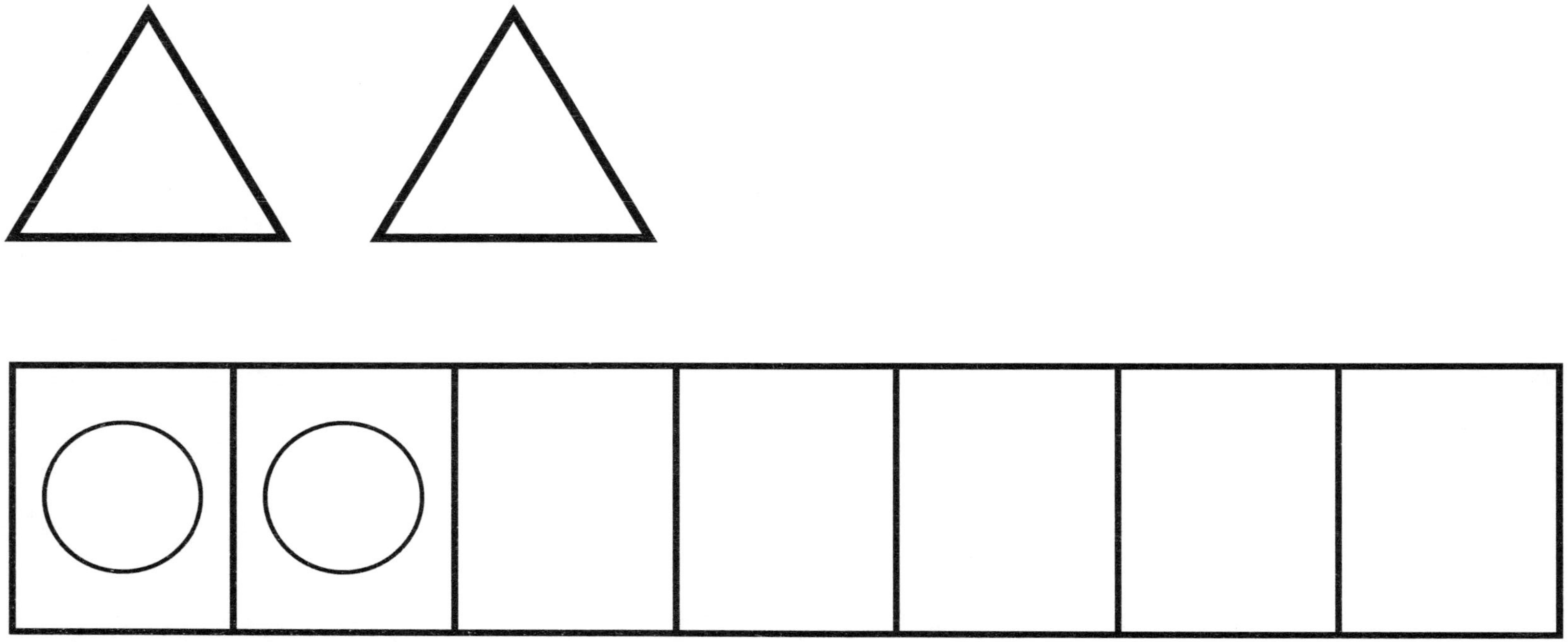

問題２０－2

おやくそく

①

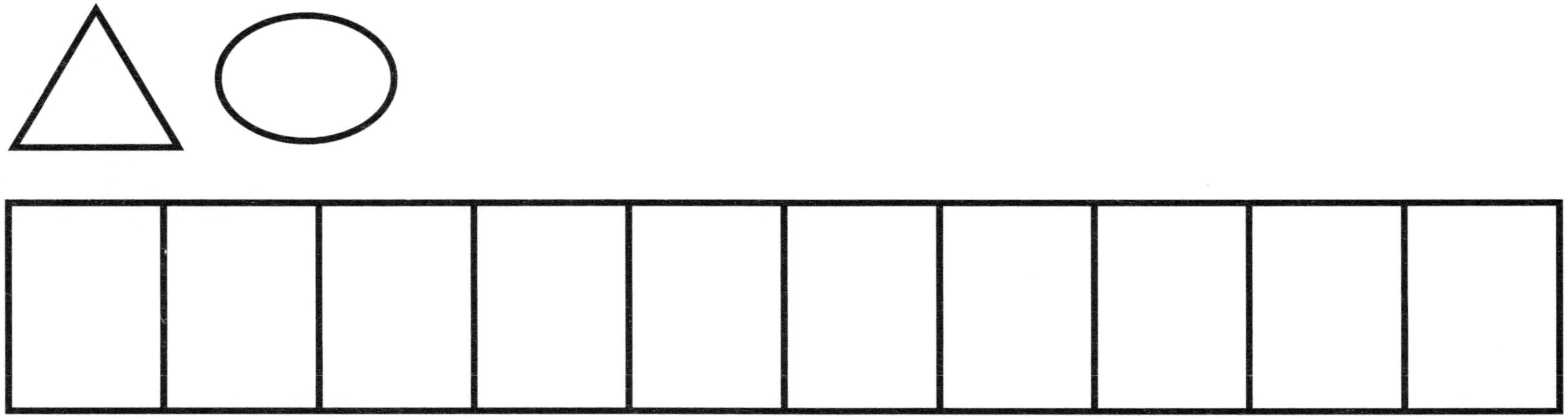

②

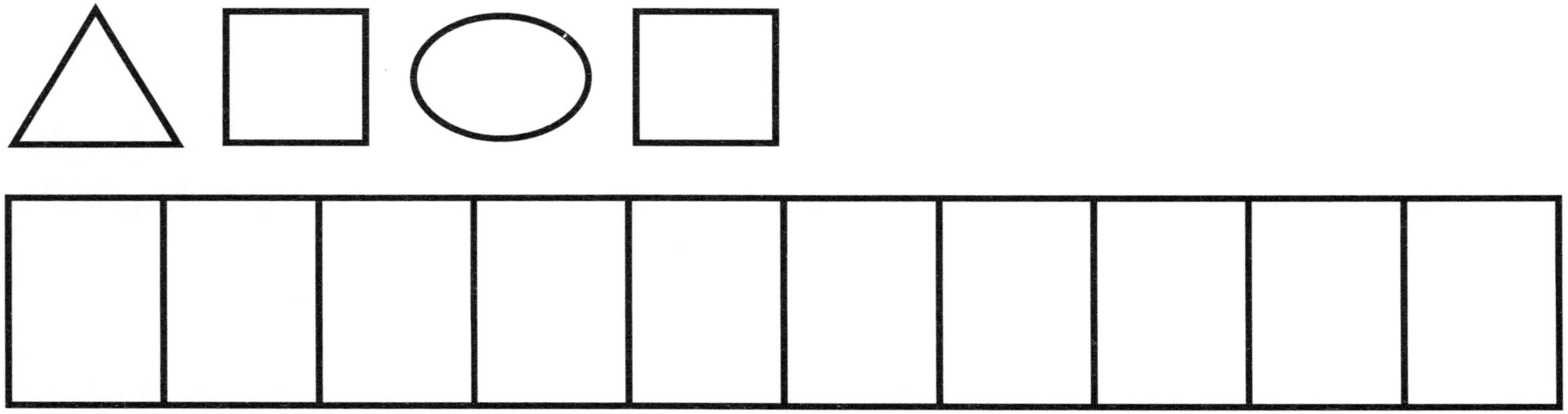

問題２１

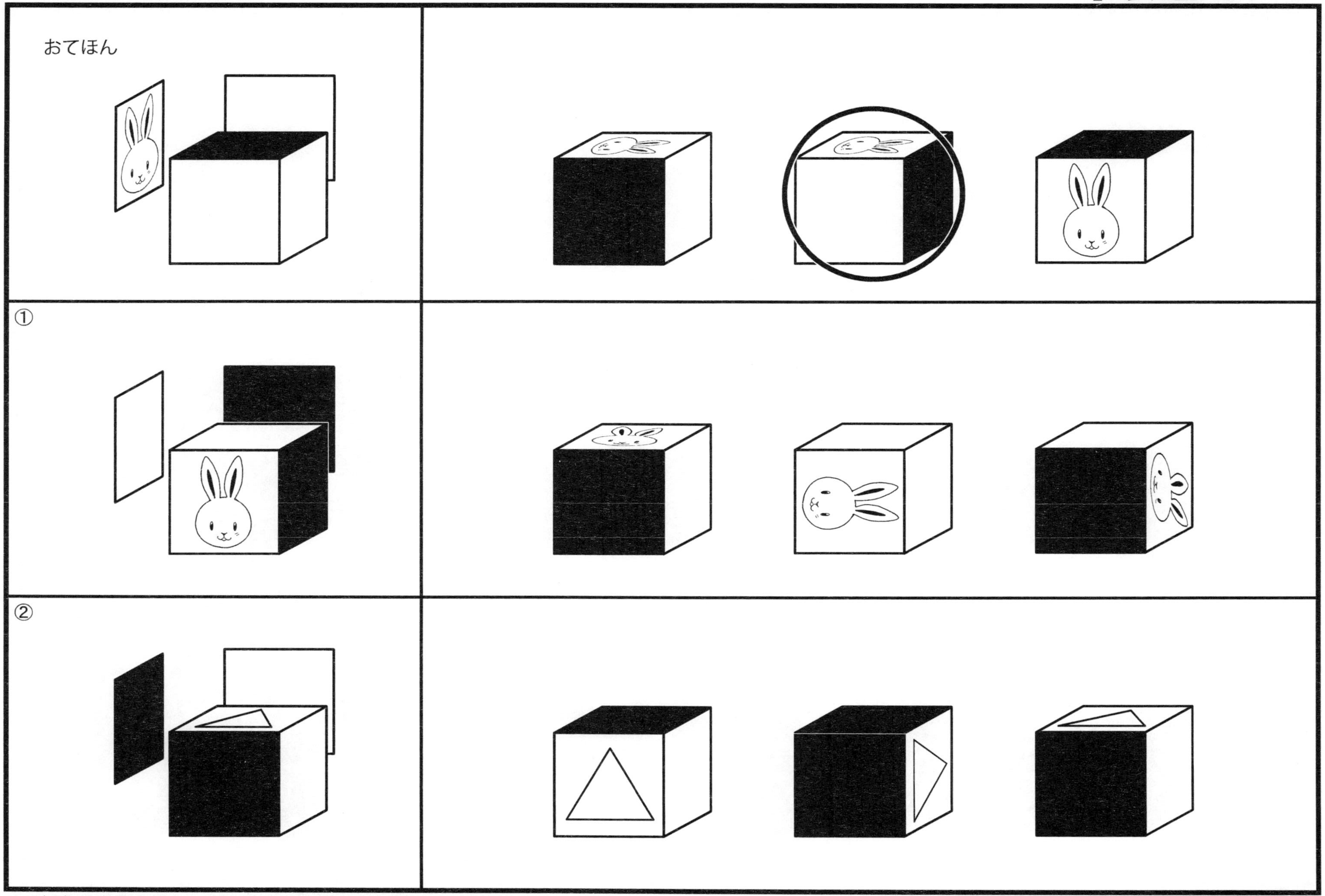

問題22－1

わるいれい

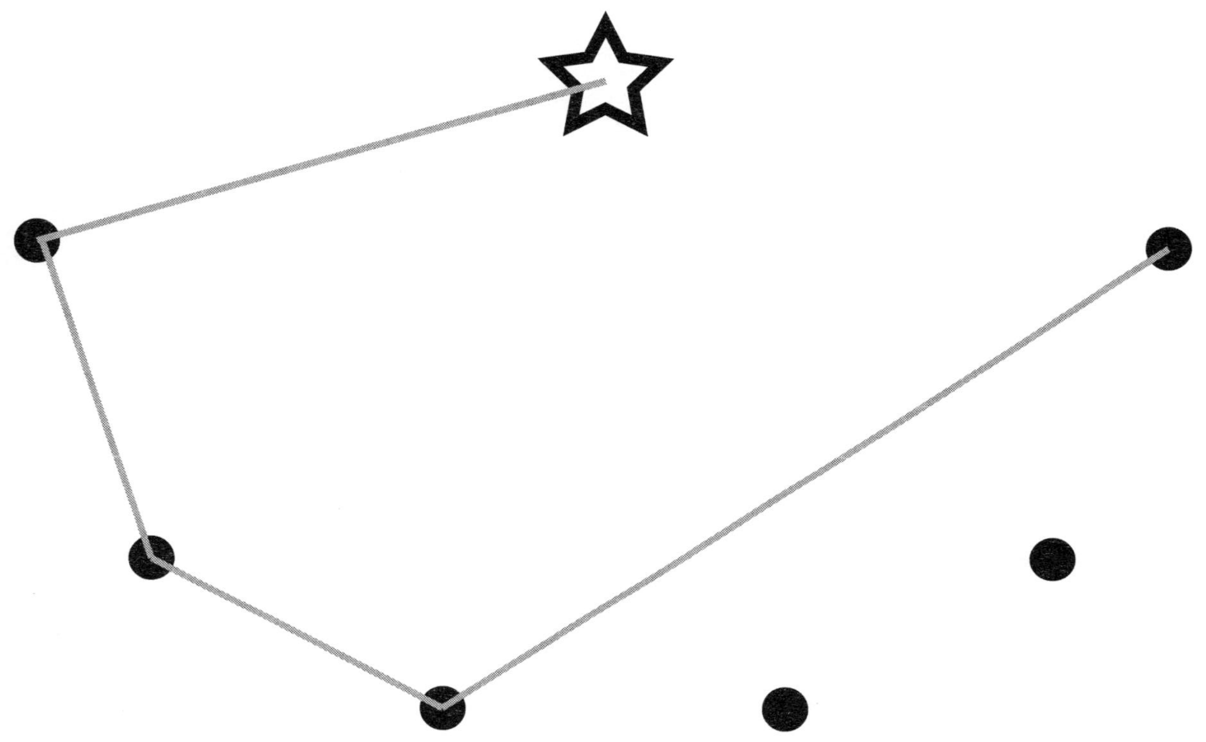

問題22－2

①

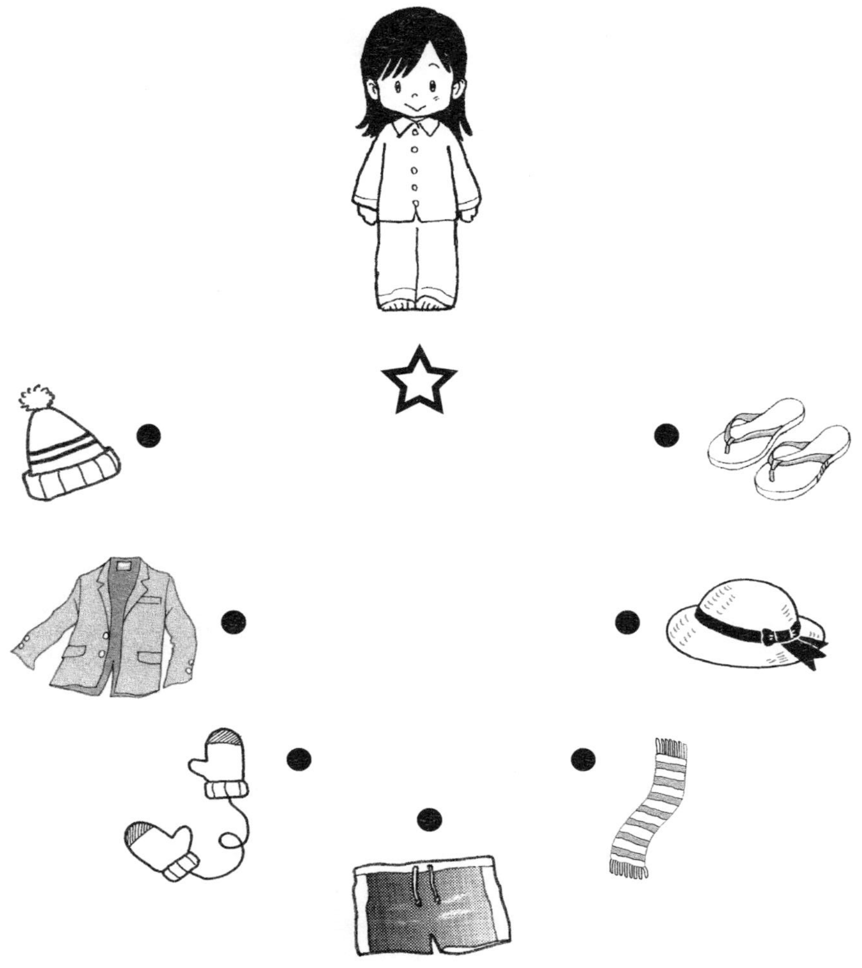

②

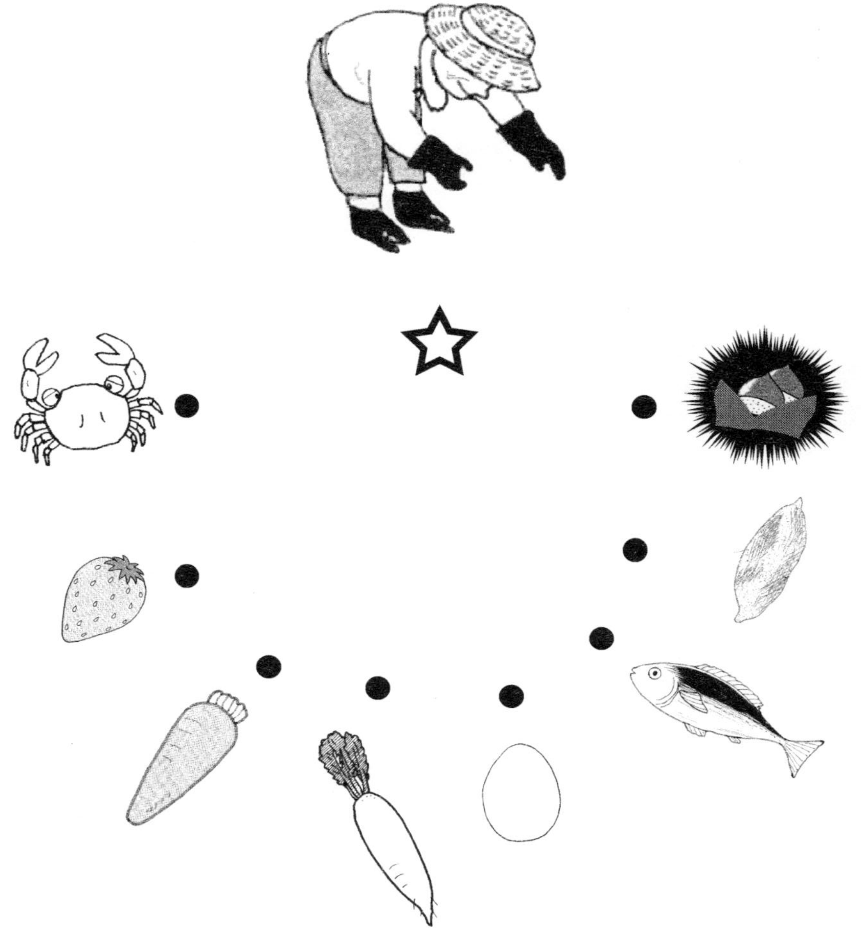

日本学習図書株式会社

☆広島大学附属東雲小学校

2024 年度 広島県版 国立小学校 過去　無断複製／転載を禁ずる　　日本学習図書株式会社

☆広島大学附属東雲小学校

問題２４－２

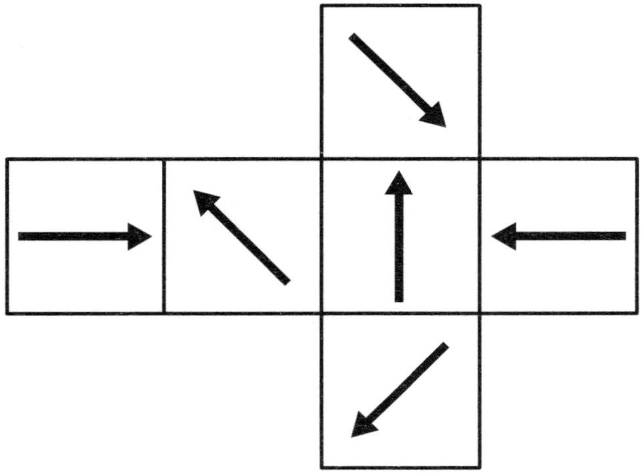

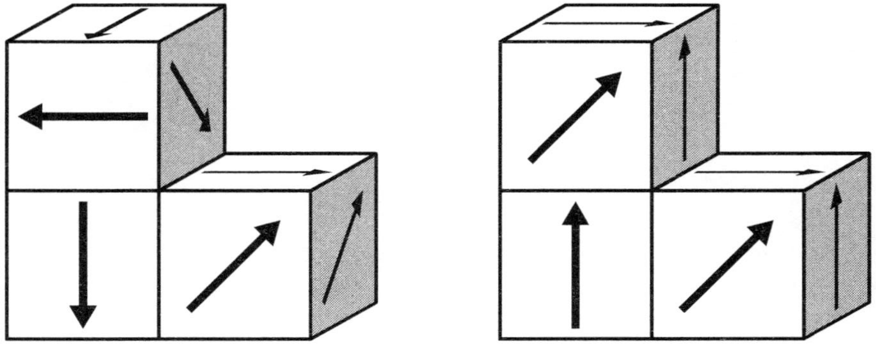

※２種類どちらかが出題

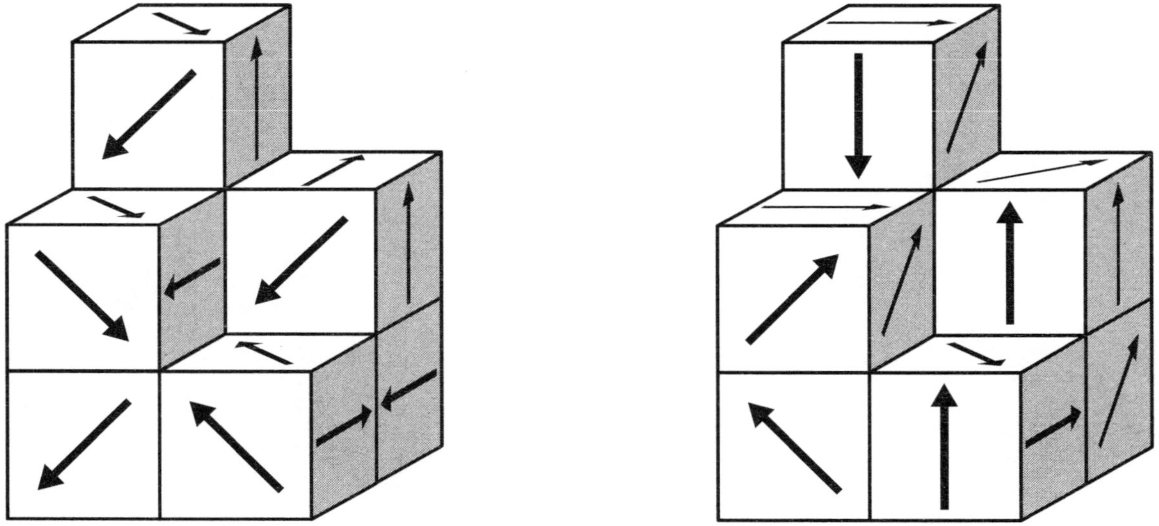

※２種類どちらかが出題

問題25

☆広島大学附属東雲小学校

①

②

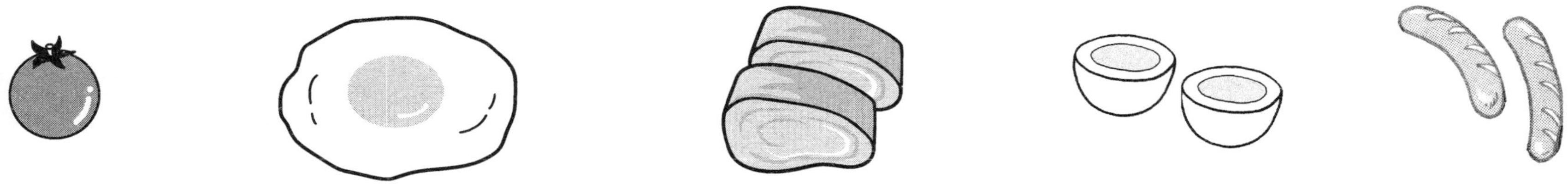

③

問題２６－１

問題26－2

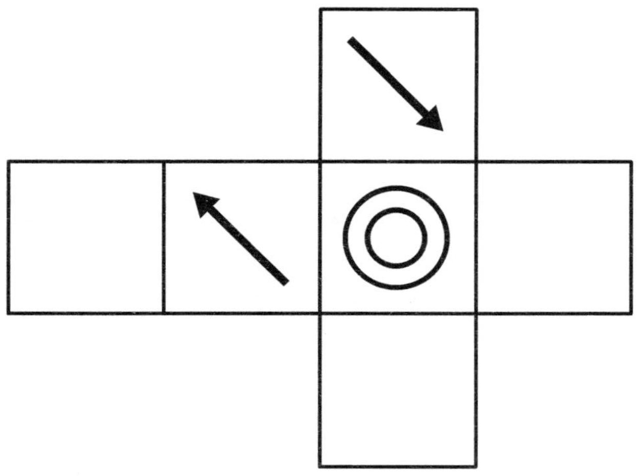

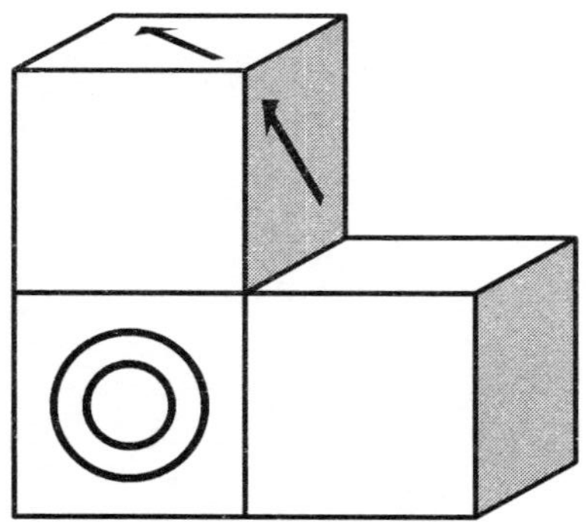

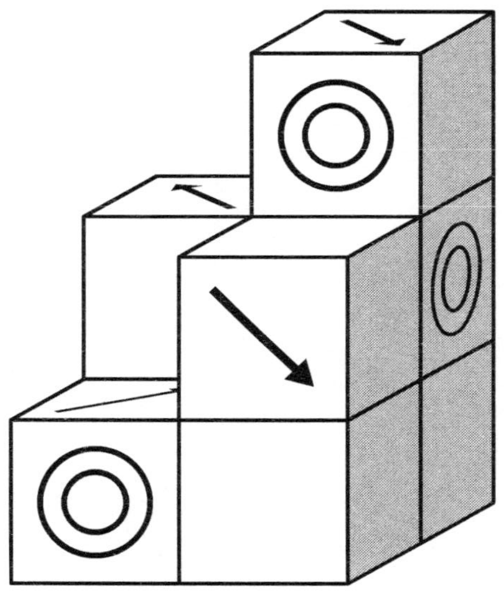

☆広島大学附属東雲小学校

問題２７

①

②

③

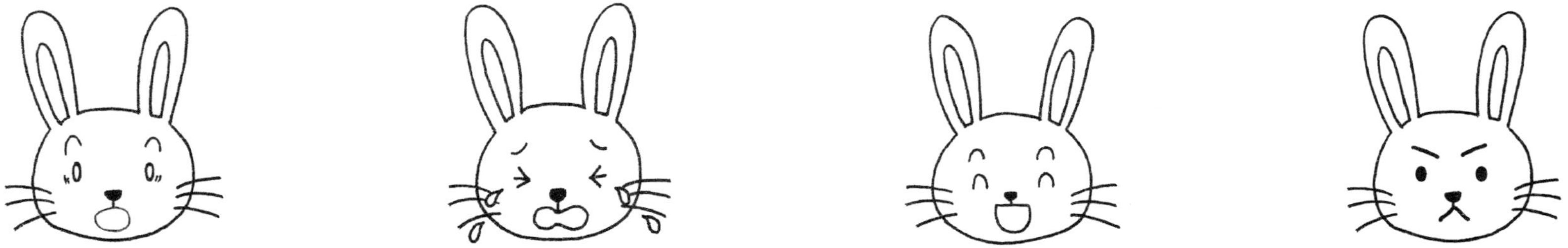

☆広島大学附属東雲小学校

2024年度 広島県版 国立小学校 過去 無断複製／転載を禁ずる 日本学習図書株式会社

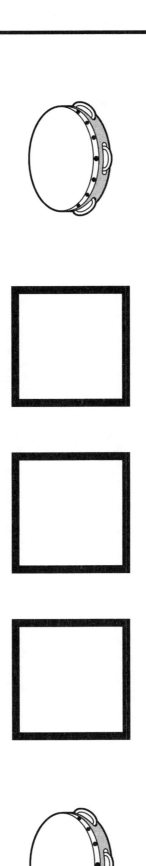

☆広島大学附属東雲小学校

2024 年度 広島県版 国立小学校 過去　無断複製／転載を禁ずる　　　　　　　　日本学習図書株式会社

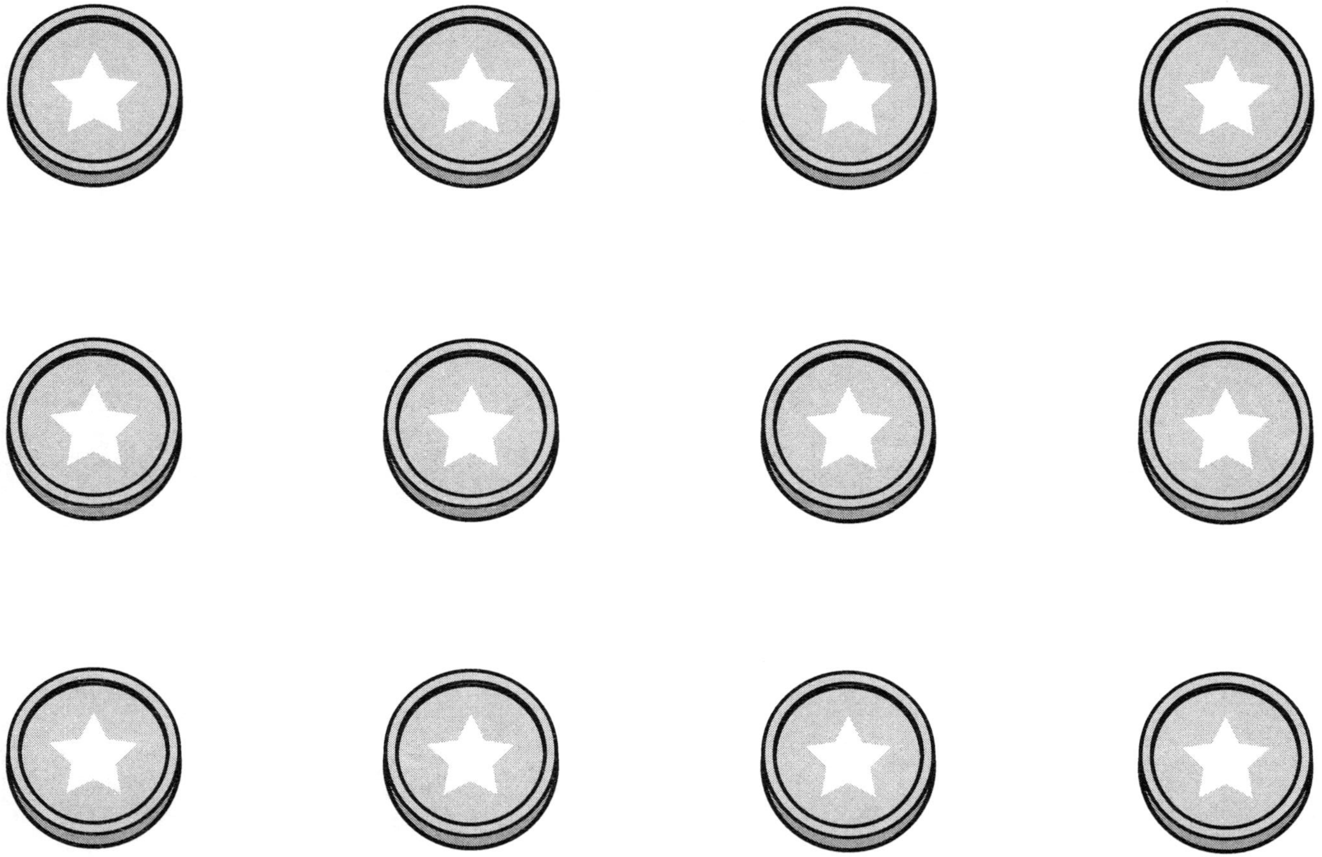

問題3 1－2

日本学習図書株式会社

☆広島大学附属東雲小学校

問題３２

①

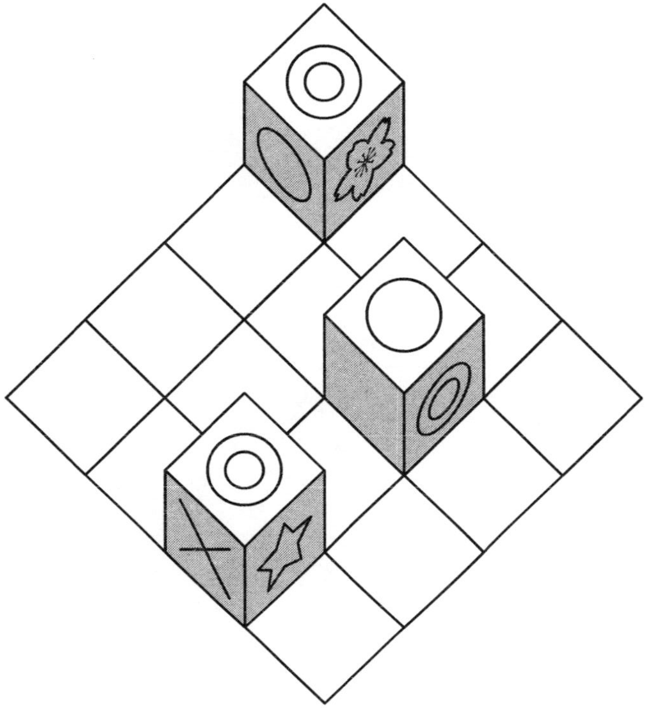

②

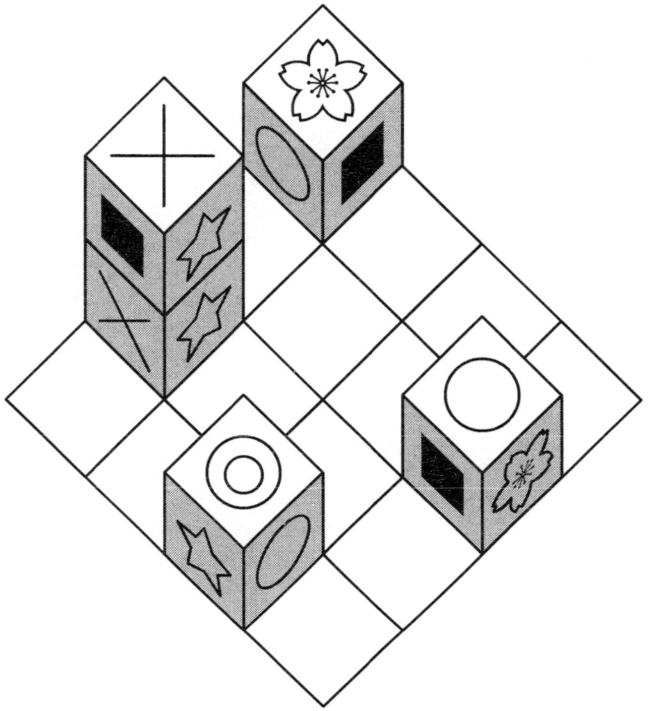

①

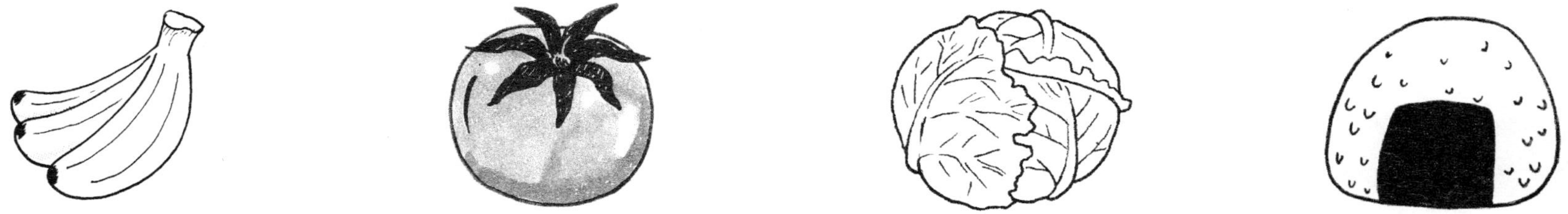

②

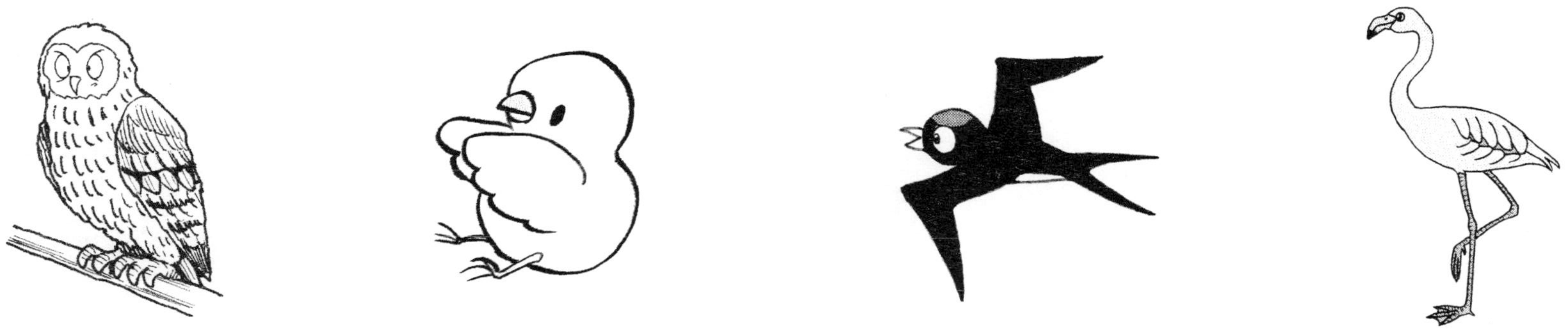

③

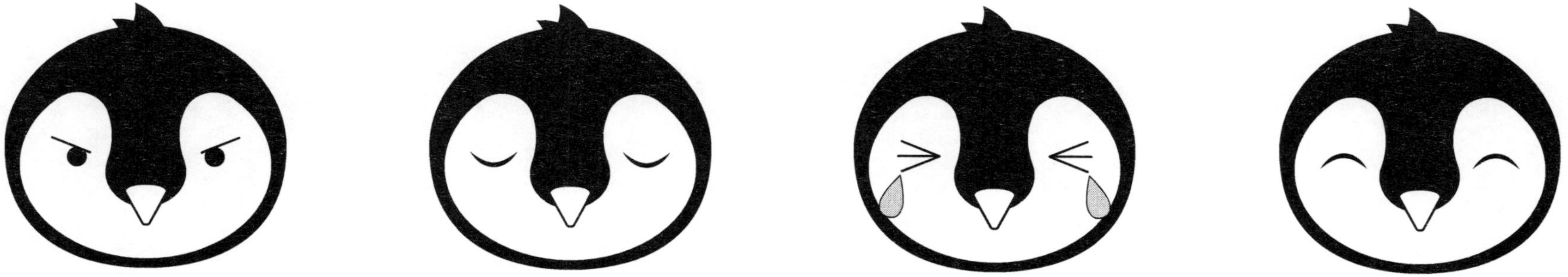

問題３４

①

②

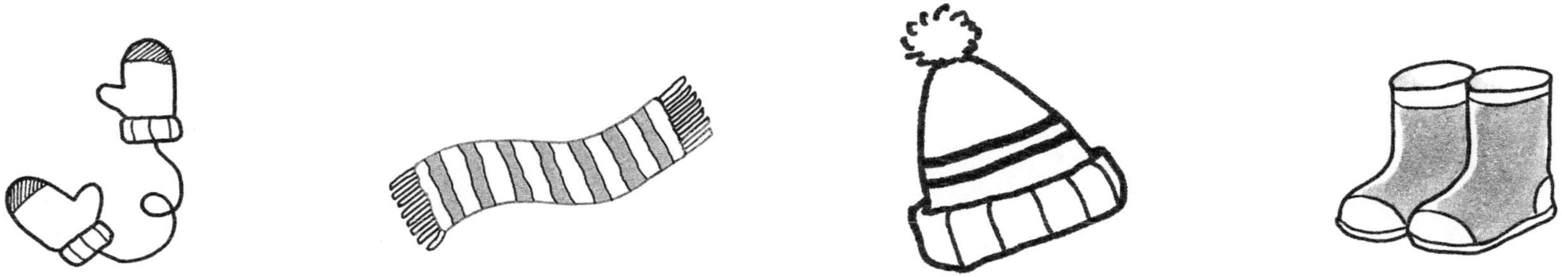

③

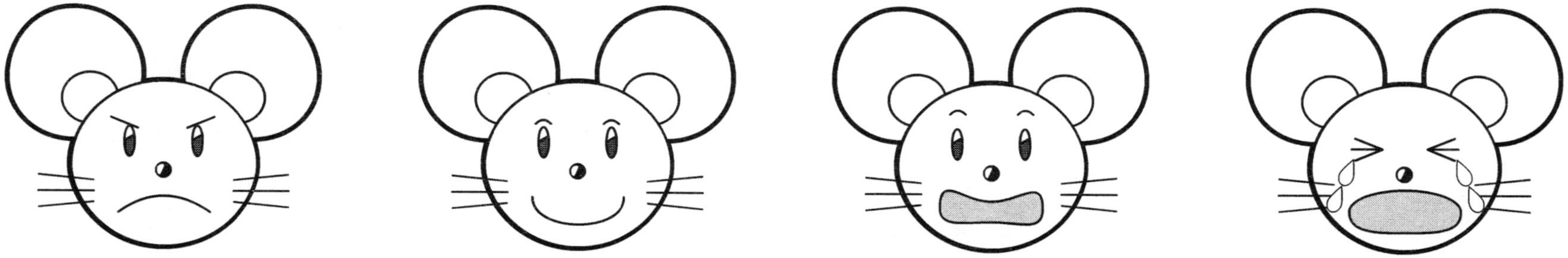

図書カード1000円分プレゼント

ご記入日 令和　　年　　月　　日

☆国・私立小学校受験アンケート☆

※可能な範囲でご記入下さい。選択肢は○で囲んで下さい。

〈小学校名〉＿＿＿＿＿＿＿＿＿＿＿＿　〈お子さまの性別〉男・女　〈誕生月〉＿＿月

〈その他の受験校〉（複数回答可）＿＿＿＿＿＿＿＿＿＿＿＿＿＿＿＿＿＿＿＿＿＿＿＿

〈受験日〉①：＿＿月＿＿日　〈時間〉＿＿時＿＿分　～　＿＿時＿＿分

②：＿＿月＿＿日　〈時間〉＿＿時＿＿分　～　＿＿時＿＿分

〈受験者数〉男女計＿＿名　（男子＿＿名　女子＿＿名）

〈お子さまの服装〉＿＿＿＿＿＿＿＿＿＿＿＿＿＿＿＿＿＿

〈入試全体の流れ〉（記入例）準備体操→行動観察→ペーパーテスト

＿＿＿＿＿＿＿＿＿＿＿＿＿＿＿＿＿＿＿＿＿＿＿＿＿＿＿＿

Eメールによる情報提供

日本学習図書では、Eメールでも入試情報を募集しております。

下記のアドレスに、アンケートの内容をご入力の上、メールをお送り下さい。

ojuken@nichigaku.jp

●行動観察　（例）好きなおもちゃで遊ぶ・グループで協力するゲームなど

〈実施日〉＿＿月＿＿日　〈時間〉＿＿時＿＿分　～　＿＿時＿＿分　〈着替え〉□有　□無

〈出題方法〉□肉声　□録音　□その他（　　　　　　）　〈お手本〉□有　□無

〈試験形態〉□個別　□集団（　　　人程度）　〈会場図〉

〈内容〉

□自由遊び

＿＿＿＿＿＿＿＿＿＿＿＿＿＿＿＿＿＿＿＿＿＿

□グループ活動

＿＿＿＿＿＿＿＿＿＿＿＿＿＿＿＿＿＿＿＿＿＿

□その他

＿＿＿＿＿＿＿＿＿＿＿＿＿＿＿＿＿＿＿＿＿＿

●運動テスト（有・無）　（例）跳び箱・チームでの競争など

〈実施日〉＿＿月＿＿日　〈時間〉＿＿時＿＿分　～　＿＿時＿＿分　〈着替え〉□有　□無

〈出題方法〉□肉声　□録音　□その他（　　　　　　）　〈お手本〉□有　□無

〈試験形態〉□個別　□集団（　　　人程度）　〈会場図〉

〈内容〉

□サーキット運動

□走り　□跳び箱　□平均台　□ゴム跳び

□マット運動　□ボール運動　□なわ跳び

□クマ歩き

□グループ活動＿＿＿＿＿＿＿＿＿＿＿＿＿＿＿＿

□その他＿＿＿＿＿＿＿＿＿＿＿＿＿＿＿＿＿＿

●知能テスト・口頭試問

〈実施日〉 ＿＿月＿＿日 〈時間〉 ＿＿時＿＿分 ～ ＿＿時＿＿分 〈お手本〉□有 □無

〈出題方法〉 □肉声 □録音 □その他（　　　　　　） 〈問題数〉 ＿＿枚 ＿＿問

分野	方法	内　容	詳細・イラスト
（例） お話の記憶	☑筆記 □口頭	動物たちが待ち合わせをする話	（あらすじ） 動物たちが待ち合わせをした。最初にウサギさんが来た。次にイヌくんが、その次にネコさんが来た。最後にタヌキくんが来た。 （問題・イラスト） ３番目に来た動物は誰か 
お話の記憶	□筆記 □口頭		（あらすじ） （問題・イラスト）
図形	□筆記 □口頭		
言語	□筆記 □口頭		
常識	□筆記 □口頭		
数量	□筆記 □口頭		
推理	□筆記 □口頭		
その他	□筆記 □口頭		

●制作　（例）ぬり絵・お絵かき・工作遊びなど

〈実施日〉＿＿月＿＿日〈時間〉＿＿時＿＿分　～　＿＿時＿＿分

〈出題方法〉□肉声 □録音 □その他（　　　　）〈お手本〉□有 □無

〈試験形態〉□個別 □集団（　　　人程度）

材料・道具	制作内容
□ハサミ □のり（□つぼ □液体 □スティック） □セロハンテープ □鉛筆 □クレヨン（　色） □クーピーペン（　色） □サインペン（　色）□ □画用紙（□ A4 □ B4 □ A3 □その他：　　　　） □折り紙 □新聞紙 □粘土 □その他（　　　　）	□切る　□貼る　□塗る　□ちぎる　□結ぶ　□描く　□その他（　　　　） タイトル：＿＿＿＿＿＿＿＿＿＿

●面接

〈実施日〉＿＿月＿＿日〈時間〉＿＿時＿＿分　～　＿＿時＿＿分〈面接担当者〉＿＿名

〈試験形態〉□志願者のみ（　）名 □保護者のみ □親子同時 □親子別々

〈質問内容〉

□志望動機　□お子さまの様子

□家庭の教育方針

□志望校についての知識・理解

□その他（　　　　　　　　）

（ 詳 細 ）

・

・

・

・

※試験会場の様子をご記入下さい。

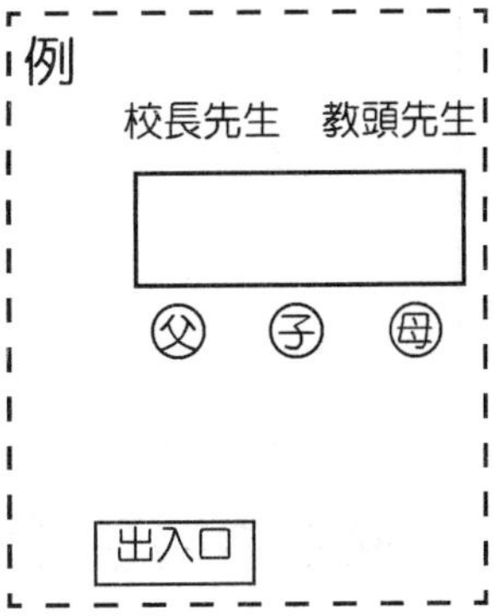

●保護者作文・アンケートの提出（有・無）

〈提出日〉□面接直前　□出願時　□志願者考査中　□その他（　　　　　　）

〈下書き〉□有　□無

〈アンケート内容〉

（記入例）当校を志望した理由はなんですか（150 字）

●**説明会**（□有　□無）〈開催日〉　　月　　日〈時間〉　　時　　分　～　　時　　分

〈上履き〉　□要　□不要　〈願書配布〉　□有　□無　〈校舎見学〉　□有　□無

〈ご感想〉

●**参加された学校行事**（複数回答可）

公開授業〈開催日〉　　月　　日〈時間〉　　時　　分　～　　時　　分

運動会など〈開催日〉　　月　　日〈時間〉　　時　　分　～　　時　　分

学習発表会・音楽会など〈開催日〉　　月　　日〈時間〉　　時　　分　～　　時　　分

〈ご感想〉

※是非参加したほうがよいと感じた行事について

●**受験を終えてのご感想、今後受験される方へのアドバイス**

※対策学習（重点的に学習しておいた方がよい分野）、当日準備しておいたほうがよい物など

＊＊＊＊＊＊＊＊＊＊＊＊　ご記入ありがとうございました　＊＊＊＊＊＊＊＊＊＊＊＊

必要事項をご記入の上、ポストにご投函ください。

なお、本アンケートの送付期限は入試終了後３ヶ月とさせていただきます。また、入試に関する情報の記入量が当社の基準に満たない場合、謝礼の送付ができないことがございます。あらかじめご了承ください。

ご住所：〒

お名前：　　　　　　　　メール：

ＴＥＬ：　　　　　　　　ＦＡＸ：

アンケートのご記入ありがとうございました

ご記入頂いた個人に関する情報は、当社にて厳重に管理致します。弊社の個人情報取り扱いに関する詳細は、www.nichigaku.jp/policy.php の「個人情報の取り扱い」をご覧下さい。

分野別 小学入試練習帳 ジュニアウォッチャー

1．点・線図形	小学校入試で出題頻度の高い『点・線図形』の模写を、難易度の低いものから段階別に幅広く練習することができるように構成。
2．座標	図形の位置模写という作業を、難易度の低いものから段階別に練習できるように構成。
3．パズル	様々なパズルの問題を難易度の低いものから段階別に練習できるように構成。
4．同図形探し	小学校入試で出題頻度の高い、同図形選びの問題を繰り返し練習できるように構成。
5．回転・展開	図形などを回転、または展開したとき、形がどのように変化するかを学習し、理解を深められるように構成。
6．系列	数、図形などの様々な系列問題を、難易度の低いものから段階別に練習できるように構成。
7．迷路	迷路の問題を繰り返し練習できるように構成。
8．対称	対称に関する問題を４つのテーマに分類し、各テーマごとに問題を段階別に練習できるように構成。
9．合成	図形の合成に関する問題を、難易度の低いものから段階別に練習できるように構成。
10．四方からの観察	もの（立体）を様々な角度から見て、どのように見えるかを推理する問題を段階別に整理し、１つの形式で複数の問題を練習できるように構成。
11．いろいろな仲間	ものや動物、植物の共通点を見つけ、分類していく問題を中心に構成。
12．日常生活	日常生活における様々な問題を６つのテーマに分類し、各テーマごとに一つの問題形式で複数の問題を練習できるように構成。
13．時間の流れ	『時間』に着目し、様々なものごとは、時間が経過するとどのように変化するのかということを学習し、理解できるように構成。
14．数える	様々なものを『数える』ことから、数の多少の判定やかけ算、わり算の基礎までを練習できるように構成。
15．比較	比較に関する問題を５つのテーマ（数、高さ、長さ、量、重さ）に分類し、各テーマごとに問題を段階別に練習できるように構成。
16．積み木	数える対象を積み木に限定した問題集。
17．言葉の音遊び	言葉の音に関する問題を５つのテーマに分類し、各テーマごとに問題を段階別に練習できるように構成。
18．いろいろな言葉	表現力をより豊かにするいろいろな言葉として、擬態語や擬声語、同音異義語、反意語、数詞を取り上げた問題集。
19．お話の記憶	お話を聴いてその内容を記憶、理解し、設問に答える形式の問題集。
20．見る記憶・聴く記憶	「見て憶える」「聴いて憶える」という『記憶』分野に特化した問題集。
21．お話作り	いくつかの絵を元にしてお話を作る練習をして、想像力を養うことができるように構成。
22．想像画	描かれてある形や景色に好きな絵を描くことにより、想像力を養うことができるように構成。
23．切る・貼る・塗る	小学校入試で出題頻度の高い、はさみやのりなどを用いた巧緻性の問題を繰り返し練習できるように構成。
24．絵画	小学校入試で出題頻度の高い、お絵かきやぬり絵などクレヨンやクーピーペンを用いた巧緻性の問題を繰り返し練習できるように構成。
25．生活巧緻性	小学校入試で出題頻度の高い日常生活の様々な場面における巧緻性の問題集。
26．文字・数字	ひらがなの清音、濁音、拗音、拗長音、促音と１～20までの数字に焦点を絞り、練習できるように構成。
27．理科	小学校入試で出題頻度が高くなりつつある理科の問題を集めた問題集。
28．運動	出題頻度の高い運動問題を種目別に分けて構成。
29．行動観察	項目ごとに問題提起をし、「このような時はどうか、あるいはどう対処するのか」の観点から問いかける形式の問題集。
30．生活習慣	学校から家庭に提起された問題と思って、一問一問絵を見ながら話し合い、考える形式の問題集。

31．推理思考	数、量、言語、常識（含理科、一般）など、諸々のジャンルから問題を構成し、近年の小学校入試問題傾向に沿って構成。
32．ブラックボックス	箱や筒の中を通ると、どのようなお約束でどのように変化するかを推理・思考する問題集。
33．シーソー	重さの違うものをシーソーに乗せた時どちらに傾くのか、またどうすればシーソーは釣り合うのかを思考する基礎的な問題集。
34．季節	様々な行事や植物などを季節別に分類できるように知識をつける問題集。
35．重ね図形	小学校入試で頻繁に出題されている「図形を重ね合わせてできる形」についての問題を集めました。
36．同数発見	様々な物を数え「同じ数」を発見し、数の多少の判断や数の認識の基礎を学べるように構成した問題集。
37．選んで数える	数の学習の基本となる、いろいろなものの数を正しく数える学習を行う問題集。
38．たし算・ひき算1	数字を使わず、たし算とひき算の基礎を身につけるための問題集。
39．たし算・ひき算2	数字を使わず、たし算とひき算の基礎を身につけるための問題集。
40．数を分ける	数を等しく分ける問題です。等しく分けたときに余りが出るものもあります。
41．数の構成	ある数がどのような数で構成されているか学んでいきます。
42．一対多の対応	一対一の対応から、一対多の対応まで、かけ算の考え方の基礎学習を行います。
43．数のやりとり	あげたり、もらったり、数の変化をしっかりと学びます。
44．見えない数	指定された条件から数を導き出します。
45．図形分割	図形の分割に関する問題集。パズルや合成の分野にも通じる様々な問題を集めました。
46．回転図形	「回転図形」に関する問題集。やさしい問題から始め、いくつかの代表的なパターンから、段階を踏んで学習できるよう編集されています。
47．座標の移動	「マス目の指示通りに移動する問題」と「指示された数だけ移動する問題」を収録。
48．鏡図形	鏡で左右反転させた時の見え方を考えます。平面図形から立体図形、文字、絵まで。
49．しりとり	すべての学習の基礎となる「言葉」を学ぶこと、特に「語彙」を増やすことに重点をおき、さまざまなタイプの「しりとり」問題を集めました。
50．観覧車	観覧車やメリーゴーラウンドなどを舞台にした「回転系列」の問題集。「推理思考」分野の問題ですが、要素として「図形」や「数量」も含みます。
51．運筆①	鉛筆の持ち方を学び、点線なぞり、お手本を見ながらの模写で、線を引く練習をします。
52．運筆②	運筆①からさらに発展し、「欠所補完」や「迷路」などを楽しみながら、より複雑な鉛筆運びを習得することを目指します。
53．四方からの観察 積み木編	積み木を使用した「四方からの観察」に関する問題を練習できるように構成。
54．図形の構成	見本の図形がどのような部分によって形づくられているかを考えます。
55．理科②	理科的知識に関する問題を集中して練習する「常識」分野の問題集。
56．マナーとルール	道路や駅、公共の場でのマナー、安全や衛生に関する常識を学べるように構成。
57．置き換え	さまざまな具体的・抽象的事象を記号で表す「置き換え」の問題を扱います。
58．比較②	長さ・高さ・体積・数などを数学的な知識を使わず、論理的に推測する「比較」の問題を練習できるように構成。
59．欠所補完	線と線のつながり、欠けた絵に当てはまるものなどを求める「欠所補完」に取り組める問題集です。
60．言葉の音（おん）	しりとり、決まった順番の音をつなげるなど、「言葉の音」に関する問題に取り組める練習問題集です。

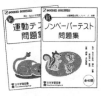

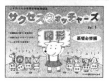

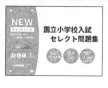

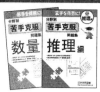

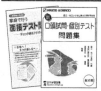

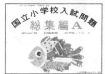

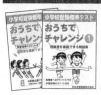

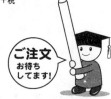

『読み聞かせ』×『質問』＝『聞く力』

お話の記憶の練習に最適

1話5分の 読み聞かせお話集①②

「アラビアン・ナイト」「アンデルセン童話」「イソップ寓話」「グリム童話」、日本や各国の民話、昔話、偉人伝の中から、教育的な物語や、過去に小学校入試でも出題された有名なお話を中心に掲載。お話ごとに、内容に関連したお子さまへの質問も掲載しています。「読み聞かせ」を通して、お子さまの『聞く力』を伸ばすことを目指します。

①巻・②巻　各 48 話

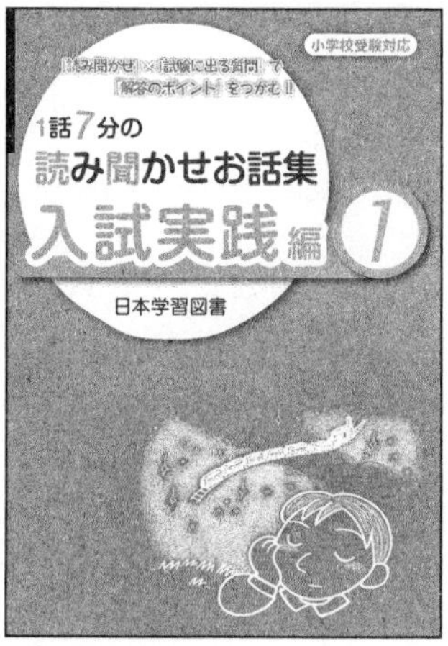

1話7分の読み聞かせお話集 入試実践編①

国立·私立小学校受験対応

最長1,700文字の長文のお話を掲載。有名でない＝「聞いたことのない」お話を聞くことで、『集中力』のアップを目指します。設問も、実際の試験を意識した設問としています。ペーパーテスト実施校の多くが「お話の記憶」の問題を出題します。毎日の「読み聞かせ」と「試験に出る質問」で、「解答のポイント」をつかんで臨みましょう！

50 話収録

ニチガクの この5冊で受験準備も万全！

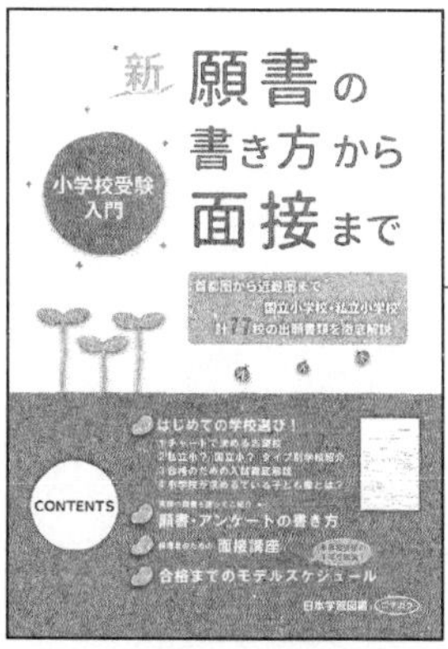

小学校受験入門 願書の書き方から面接まで リニューアル版

主要私立・国立小学校の願書・面接内容を中心に、学校選びや入試の分野傾向、服装コーディネート、持ち物リストなども網羅し、受験準備全体をサポートします。

小学校受験で 知っておくべき 125のこと

小学校受験の基本から怪しい「ウワサ」まで、保護者の方々からの 125 の質問にていねいに解答。目からウロコのお受験本。

新　小学校受験の 入試面接Q＆A リニューアル版

過去十数年に遡り、面接での質問内容を網羅。小学校別、父親・母親・志願者別、さらに学校のこと・志望動機・お子さまについてなど分野ごとに模範解答例やアドバイスを掲載。

新　願書・アンケート 文例集 500 リニューアル版

有名私立小、難関国立小の願書やアンケートに記入するための適切な文例を、質問の項目別に収録。合格を掴むためのヒントが満載！願書を書く前に、ぜひ一度お読みください。

小学校受験に関する 保護者の悩みQ＆A

保護者の方約 1,000 人に、学習・生活・躾に関する悩みや問題を取材。その中から厳選した 200 例以上の悩みに、「ふだんの生活」と「入試直前」のアドバイス２本立てで悩みを解決。

日本学習図書株式会社

広島大学附属小学校　専用注文書

年　　月　　日

合格のための問題集ベスト・セレクション

＊入試頻出分野ベスト３

1st　お話の記憶
集中力　聞く力　知識

2nd　図　形
観察力　思考力

3rd　常　識
知識　集中力

ペーパーテストでは、記憶、図形、数量、推理、常識からの出題が基本です。お話の記憶では、独特の出題方法に慣れておく必要があります。そのほかの分野では、幅広い学習が求められています。

分野	書　名	価格(税抜)	注文	分野	書　名	価格(税抜)	注文
図形	Ｊｒ・ウォッチャー4「同図形探し」	1,500円	冊	数量	Ｊｒ・ウォッチャー39「たし算・ひき算2」	1,500円	冊
図形	Ｊｒ・ウォッチャー6「系列」	1,500円	冊	図形	Ｊｒ・ウォッチャー46「回転図形」	1,500円	冊
常識	Ｊｒ・ウォッチャー12「日常生活」	1,500円	冊	図形	Ｊｒ・ウォッチャー53「四方からの観察－積み木編－」	1,500円	冊
数量	Ｊｒ・ウォッチャー14「数える」	1,500円	冊	図形	Ｊｒ・ウォッチャー54「図形の構成」	1,500円	冊
数量	Ｊｒ・ウォッチャー15「比較」	1,500円	冊	常識	Ｊｒ・ウォッチャー55「理科②」	1,500円	冊
図形	Ｊｒ・ウォッチャー16「積み木」	1,500円	冊	常識	Ｊｒ・ウォッチャー56「マナーとルール」	1,500円	冊
記憶	Ｊｒ・ウォッチャー19「お話の記憶」	1,500円	冊	推理	Ｊｒ・ウォッチャー57「置き換え」	1,500円	冊
常識	Ｊｒ・ウォッチャー27「理科」	1,500円	冊		口頭試問最強マニュアル －生活体験編－	2,000円	冊
運動	Ｊｒ・ウォッチャー28「運動」	1,500円	冊		お話の記憶問題集 初級編	2,600円	冊
行動観察	Ｊｒ・ウォッチャー29「行動観察」	1,500円	冊		お話の記憶問題集 中級編・上級編	2,000円	各　冊
常識	Ｊｒ・ウォッチャー30「生活習慣」	1,500円	冊		1話5分の読み聞かせお話集①②	1,800円	各　冊
常識	Ｊｒ・ウォッチャー34「季節」	1,500円	冊		新 口頭試問・個別テスト問題集	2,500円	冊
数量	Ｊｒ・ウォッチャー38「たし算・ひき算1」	1,500円	冊		新 運動テスト問題集	2,200円	冊

合計	冊	円

(フリガナ) 氏　名	電　話 ＦＡＸ E-mail
住 所　〒　　　－	以前にご注文されたことはございますか。 有　・　無

★お近くの書店、または記載の電話・FAX・ホームページにてご注文をお受けしております。
電話：03-5261-8951　FAX：03-5261-8953　代金は書籍合計金額＋送料がかかります。
※なお、落丁・乱丁以外の理由による商品の返品・交換には応じかねます。
★ご記入頂いた個人に関する情報は、当社にて厳重に管理致します。なお、ご購入の商品発送の他に、当社発行の書籍案内、書籍に関する調査に使用させて頂く場合がございますので、予めご了承ください。

日本学習図書株式会社
http://www.nichigaku.jp

広島大学附属東雲小学校　専用注文書

年　　月　　日

合格のための問題集ベスト・セレクション

＊入試頻出分野ベスト３

1st　お話の記憶
集中力　聞く力　知識

2nd　行動観察
聞く力　協調性

3rd　運　動
聞く力　集中力

ペーパーテストは例年、お話の記憶のみの出題です。行動観察では、生活に密着した課題が中心になります。やるべきことはそれほど多くないので、どの課題も確実にできるようにしておきましょう。

分野	書　名	価格(税抜)	注文	分野	書　名	価格(税抜)	注文
図形	Ｊｒ・ウォッチャー 10「四方からの観察」	1,500円	冊		お話の記憶問題集　初級編	2,600円	冊
常識	Ｊｒ・ウォッチャー 11「いろいろな仲間」	1,500円	冊		お話の記憶問題集　中級編	2,000円	冊
常識	Ｊｒ・ウォッチャー 12「日常生活」	1,500円	冊		お話の記憶問題集　上級編	2,000円	冊
図形	Ｊｒ・ウォッチャー 16「積み木」	1,500円	冊		１話５分の読み聞かせお話集①②	1,800円	各　冊
記憶	Ｊｒ・ウォッチャー 19「お話の記憶」	1,500円	冊		新 口頭試問・個別テスト問題集	2,500円	冊
巧緻性	Ｊｒ・ウォッチャー 25「生活巧緻性」	1,500円	冊		新 運動テスト問題集	2,200円	冊
運動	Ｊｒ・ウォッチャー 28「運動」	1,500円	冊		口頭試問最強マニュアル　生活体験編	2,000円	冊
行動観察	Ｊｒ・ウォッチャー 29「行動観察」	1,500円	冊		口頭試問最強マニュアル　ノンペーパー編	2,000円	冊
常識	Ｊｒ・ウォッチャー 30「生活習慣」	1,500円	冊		知っておくべき 125 のこと	2,600円	冊
図形	Ｊｒ・ウォッチャー 47「座標の移動」	1,500円	冊				
図形	Ｊｒ・ウォッチャー 53「四方からの観察－積み木編－」	1,500円	冊				
常識	Ｊｒ・ウォッチャー 56「マナーとルール」	1,500円	冊				

合計	冊	円

(フリガナ) 氏　名	電　話 ＦＡＸ E-mail
住 所　〒　　　－	以前にご注文されたことはございますか。 有　・　無

★お近くの書店、または記載の電話・FAX・ホームページにてご注文をお受けしております。
電話：03-5261-8951　FAX：03-5261-8953　代金は書籍合計金額＋送料がかかります。
※なお、落丁・乱丁以外の理由による商品の返品・交換には応じかねます。

★ご記入頂いた個人に関する情報は、当社にて厳重に管理致します。なお、ご購入の商品発送の他に、当社発行の書籍案内、書籍に関する調査に使用させて頂く場合がございますので、予めご了承ください。

日本学習図書株式会社
http://www.nichigaku.jp

家庭学習をトータルサポート！ ニチガクのオリジナル 効果的 学習法

1 まずは アドバイスページを読む！

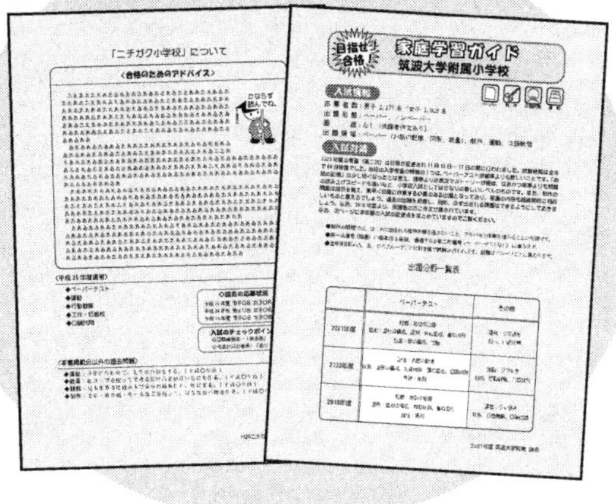

ピンク色です

対策や試験ポイントがぎっしりつまった「家庭学習ガイド」。分野アイコンで、試験の傾向をおさえよう！

過去問のこだわり

最新問題は問題ページ、イラストページ、解答・解説ページが独立しており、お子さまにすぐに取り掛かっていただける作りになっています。
ニチガクの学校別問題集ならではの、学習法を含めたアドバイスを利用して効率のよい家庭学習を進めてください。

2 問題をすべて読み、出題傾向を把握する

3 「学習のポイント」で学校側の観点や問題の解説を熟読

4 はじめて過去問題にチャレンジ！

5 プラスα 対策問題集や類題で力を付ける

各問題のジャンル

問題8 分野：図形（構成・重ね図形）

〈準 備〉 鉛筆、消しゴム

〈問 題〉 ①この形は、左の三角形を何枚使ってできていますか。その数だけ右の四角に○を書いてください。
②左の絵の一番下になっている形に○をつけてください。
③左には、透明な板に書かれた３枚の絵があります。この絵をそのまま３枚重ねると、どうなりますか。右から選んで○をつけてください。
④左には、透明な板に書かれた３枚の絵があります。この絵をそのまま３枚重ねると、どうなりますか。右から選んで○をつけてください。

〈時 間〉 各20秒

〈解 答〉 ①○４つ ②中央 ③右端 ④右端

学習のポイント

空間認識力を総合的に観ることができる問題構成といえるでしょう。これらの３問を見て、どの問題もすんなりと解くことができたでしょうか。当校の入試は、基本問題は確実に解き、難問をどれだけ正解するかで合格が近づいてきます。その観点からいうなら、この問題は全問正解したい問題に入ります。この問題も、お子さま自身に答え合わせをさせることをおすすめいたします。自分で実際に確認することでどのようになっているのか把握することが可能で、理解度が上がります。実際に操作したとき、どうなっているのか。何処がポイントになるのかなど、質問をすると、答えることが確認作業になるため、知識の習得につながります。形や条件を変え、色々な問題にチャレンジしてみましょう。

【おすすめ問題集】
Jr.ウォッチャー45「図形分割」

学習のポイント

各問題の解説や学校の観点、指導のポイントなどを教えます。
今日から保護者の方が家庭学習の先生に！

おすすめ対策問題集

分野ごとに対策問題集をご紹介。苦手分野の克服に最適です！
＊専用注文書付き。

2024 年度版
広島県版 国立小学校 過去問題集

発行日 2023 年 11 月 14 日
発行所 〒 162-0821 東京都新宿区津久戸町 3-11
TH1 ビル飯田橋 9F 日本学習図書株式会社
電 話 03-5261-8951 ㈹